20 JAHRE WERKSTATT DER SPRACHE

DIE POETRY SLAM FIBEL

BAS BÖTTCHER, WOLF HOGEKAMP (HRSG.)

2. Auflage März 2015

© Satyr Verlag Volker Surmann, Berlin 2014
www.satyr-verlag.de

Cover: Sarah Bosetti
Lektorat: Bas Böttcher, Volker Surmann, Jan Freunscht (Korrektorat)
Audio-Redaktion: Bas Böttcher
Audio-Aufnahmen: siehe Datei-Metadaten

Druck: CPI Books, Clausen & Bosse, Leck
Printed in Germany

Die Deutsche Nationalbibliothek verzeichnet diese Publikation in der Deutschen Nationalbibliografie; detaillierte bibliografische Daten sind im Internet abrufbar über: http://dnb.d-nb.de

Die Marke »Satyr Verlag« ist eingetragen auf den Verlagsgründer Peter Maassen.

ISBN: 978-3-944035-38-3

INHALT

BAS BÖTTCHER & WOLF HOGEKAMP
EDITORIAL: DER SPRACHE EINE SPONTAN-IMPULSDANKSAGUNGSTEXTSAMMLUNG!

Zum zwanzigsten Geburtstag der deutschsprachigen Poetry-Slam-Bewegung entstand die Idee, eine Textsammlung zu veröffentlichen, die dem Arbeitswerkzeug der Bühnendichter – der Sprache – gewidmet ist. Sprache als Zauberformel, Sprache als Prügelknabe, Sprache als Anschauungsobjekt, als Mittel zum Zweck, als ausgelutschte Phrase, als Crash-Test-Dummy oder Zufluchtsort.

Die in diesem Buch versammelten Autoren und Autorinnen sind – oder waren in den vergangenen zwanzig Jahren – auf Poetry-Slam-Bühnen engagiert. Sprache ist das gemeinsame Thema der hier zusammengestellten Texte. So unterscheidet sich diese Anthologie von anderen Slam-Textsammlungen. Auf der offenen Poetry-Bühne sind weder Kostüme noch Requisiten erlaubt. Allein der Text und sein Verfasser sollen das Publikum überzeugen. Die Worte stehen im Mittelpunkt, die Vortragenden stellen sich in den Dienst der verbalen Komposition.

Die Kategorien des Buches wurden von den Herausgebern subjektiv aufgestellt und eingeteilt. Einem Anspruch auf Vollständigkeit wird das Buch schon deshalb nicht gerecht werden können, weil das Phänomen Poetry Slam mittlerweile zu groß ist. Das Feld der Akteure und Texte ist stilistisch, thematisch und qualitativ wild gemischt und an seinen Rändern wunderbar ausgefranst. Zur ursprünglichen Idee des Dichterwettstreits auf einer offenen Bühne kamen neue Veranstaltungs- und Medienformate wie *Dead-or-Alive-Slams*, *Poetry-Clips*, *Textbox* oder *U20-Meisterschaften*. Die vorliegende Sammlung bietet also nur einen kleinen Ausschnitt aus dem sich ständig erweiternden Spoken-Word-Universum.

Bei der Auswahl der Texte sowie der Autorinnen und Autoren sind wir so vorgegangen, wie wir einen Poetry Slam mit Wunschbesetzung organisieren würden. Oberstes Kriterium war, eine abwechslungsreiche Mischung von Ideen, Stilen, Vortragstypen und Aspekten zusammenzustellen. Nicht die Anzahl an gewonnenen Dichterwettkämpfen und auch nicht der höchste Lustigkeitsfaktor waren für die Aufnahme in dieses Buch entscheidend.

Da Slam Poetry neben den Ideen auch den Klang der Worte und das physische Auf-der-Bühne-Stehen beim Präsentieren erfordert, möchten wir die Leserschaft auffordern, diese Fibel laut zu lesen. Besonders in der U-Bahn und im Wartezimmer beim Zahnarzt kann dies zu unerwarteten Effekten führen, aber auch ohne Störung der öffentlichen Ordnung entfalten die meisten der Bühnentexte eine neue rhythmische (*my mother was), verspielte (*Das Mädchen mit dem Rohr im Ohr), zungenbrecherische (*Der Gewinner bekommt sie alle), melodiöse (*Ursprungsalphabet), kranke (*Das Raster) oder beschwörende (*Orpheus Downtown) Dimension, die man in stummer Form verpassen könnte. Auch kann dieses Buch auf Knopfdruck selber sprechen. Wir haben dafür einige der Stücke als Audioversion bereitgestellt, die über QR-Code per Wundertelefon oder einen Internetlink vom Autor gesprochen hörbar gemacht werden können.

Als Herausgeber nehmen wir uns die Freiheit, Widersprüche unaufgelöst zu lassen. Stilistische Parallelen und Überschneidungen stehen ohne Anspruch auf Exklusivität nebeneinander. Mögen sich jeder Lautleser und jede Texthörerin durch die Beiträge kolumbussen, um dann mit eigenen Statements die nächsten Slam-Bühnen zu bereichern! Dieses Buch enthält den festgehaltenen Stoff von Stimmen auf Bühnen in Bewegung. Einen Besuch beim Poetry Slam kann es an Atmosphäre und Überraschungsmoment sicher nicht ersetzen. Umgekehrt kann aber auch ein Poetry-Slam-Besuch dieses Buch nicht ersetzen, da eine solche Geballtheit unterschiedlicher Auftritte zu einem gemeinsamen Thema logistisch kaum zu bewältigen wäre.

Bühnenpoeten sind reisende Dichter. Das Spoken-Word-Netzwerk lebt vom gegenseitigen Austausch. So soll auch dieses Buch dazu beitragen, mit den Poeten in Kontakt zu treten und auch Nichteingeweihten den Blick in die Werkstatt der Slam-Poesie zu ermöglichen.

Für die Unterstützung beim Lektorat möchten wir uns bei Volker Surmann und dem Satyr Verlag bedanken. Für die guten Ideen und die Unterstützung möchten wir auch dem norddeutschen Slam-Master Björn Högsdal sowie allen Dichtern und Dichterinnen danken, die sich mit ihren Bühnenstücken an diesem Projekt beteiligt haben.

Bas Böttcher, Wolf Hogekamp
(Berlin, August 2014)

P.S.:

Da man bei einem Poetry Slam selten vorhersehen kann, was passieren wird, und weil die Entwicklung neuer Stücke schneller vorangeht, als Bücher gedruckt werden können, werden die Herausgeber bis zum Dezember 2015 monatlich wechselnd einen neuen Überraschungstrack online stellen. Hier der Link:

www.slamfibel.de/surprise.mp3

STEPHAN POROMBKA
VORWORT: DIE ›SCHOOL OF HARD KNOCKS‹ DER DEUTSCHEN LITERATUR

Wer je auf einem Poetry Slam war, der weiß: Am spannendsten ist dieser Moment, wenn der Master of Ceremony den nächsten Sprecher oder die nächste Sprecherin mit der nächsten Nummer angesagt hat.

Der Applaus zieht an, wird laut, er hält sich ein bisschen, ebbt wieder ab, jemand pfeift noch oder johlt, von hinten an der Bar hört man ein paar Leute sprechen, es gibt kleine Ermahnungen, Zischlaute, dann wird es fast ganz still. Und jetzt: Es ist dieser Moment, wenn niemand genau weiß, was passiert.

In solchen Momenten können bis dahin großartige Abende in den Abgrund kippen. Da tritt mitten in der wirklich guten Stimmung, die den ganzen Saal auf einem angenehmen High hält, plötzlich jemand auf, ein Hemdchen nur, ein Stimmchen, und präsentiert ein Textchen, abgelesen, hingestottert, kaum zu hören, irgendwas mit Straßenbahn und letzter Haltestelle, und alle denken: Das kann nicht sein, wo bin ich hier gelandet?!

Und dann gibt es diese Momente, in denen das Publikum schon die Hoffnung aufgegeben hat. Der MC kommt wieder raus, kündigt den Nächsten an, schwacher Applaus, widerwilliges Murmeln, eine kleine Person tritt auf, nimmt das Mikrofon und räuspert sich. Und dann, Bäm!, geht es plötzlich ab, als würde der Stimmblitz mit Sprachwitz, dem dröhnenden Herzbeat und dem Donner einer großen Story in den Saal krachen und alle so elektrisieren, dass jeder denkt: Wow, das isses, dafür bin ich hier!

In welche Richtung es beim Slam geht, ist kaum vorauszusagen. Es gibt schwindelerregende Achterbahnshows. Es gibt Fahrstuhlabende, an denen man dauernd hoch- und runterfährt, ohne zu wissen, durch welche Niveauplateaus der Saal das nächste Mal gejagt wird. Was man aber immer sicher weiß: dass man nicht mit Sicherheit weiß, wie es werden wird.

Dass man nicht weiß, wie es werden wird, ist alles andere als eine Banalität. Denn in der Ungewissheit steckt das eigentliche Erfolgsgeheimnis der Literatur, die auf Bühnen performt wird. Poetry Slams sind Abende aus der Wundertüte. Nicht zu wissen, wie es wird – das auszuhalten und mitzumachen und mitzufiebern und auch selbst dafür mitverantwortlich zu sein, dass es ein guter Abend wird, das macht für das Publikum den Reiz aus.

In der Ungewissheit steckt aber noch mehr. Sie ist zugleich der geheime Mechanismus, der die Kreativität und Produktivität der Wort-Artisten aktiviert. Weil ungewiss ist, was aus einzelnen Auftritten und aus ganzen Abenden wird, nehmen alle Beteiligten billigend in Kauf, dass die Texte auch mal scheitern können. Das entspannt ungemein. Es eröffnet einen Spielraum, den die Buch-Literatur nicht kennt. Denn Bücher zu drucken heißt: Gedruckt ist gedruckt. Gebunden ist gebunden. Und ausgeliefert ist ausgeliefert. Verändert werden kann, was erst einmal in Büchern steht, nur noch mit sehr hohem Aufwand. Alles muss jetzt bleiben, wie es ist.

Ganz anders beim Slam. Hier ist alles im Fluss. Die Texte sind in ständiger Entwicklung. Sie existieren eigentlich nur dann, wenn sie aufgeführt werden. Dabei gilt: Gerade weil sie nicht auf das Glatte und Gelungene festgelegt sind, dürfen Slammer etwas ausprobieren.

Folgerichtig trifft man auf Poetry Slams nicht die perfekten Profis. Hier findet man alle Spielformen des strategischen Umgangs mit dem Unfertigen, dem Halbgaren, dem Scheiternden, dem Belanglosen. Textformate und Performances machen das Nicht-Perfekte ebenso häufig zum Thema wie die Texte selbst. Der Poetry Slam hat damit wie keine andere Bewegung in der Literatur den Dilettantismus als ästhetische Strategie integriert. Aber nicht als Naivität gegenüber den eigenen Möglichkeiten, sondern als Avantgardismus.

Der Dilettantismus hat sich seit dem grandiosen Auftritt der (sich mit Absicht falsch schreibenden) »genialen Dilletanten« zu Beginn der Achtzigerjahre des letzten Jahrhunderts als einer der wichtigsten Treibsätze für künstlerische Innovationen erwiesen. Denn gerade weil die Avantgardisten des »genialen Dilletantismus« nicht bereit sind, sich den spießigen Vorgaben für eine angeblich gute Kunst und Literatur zu unterwerfen, sind sie aufs Experimentieren abonniert. Getestet werden neue Texte, neue Stile, neue Moves. Vorgeführt wird etwas anderes. Etwas Schräges, Überraschendes, Verrücktes, ein Übersprung raus aus den Konventionen.

Ein Spielraum für Experimente öffnet sich beim Poetry Slam aber auch, weil die Slam-Texte so ausgesprochen kurz sind. In der Regel geht es um drei bis fünf Minuten. Manche Auftritte bleiben sogar darunter. Gelegentlich dauern sie sechs Minuten oder sieben, aber länger wird's bestimmt nicht. Denn Slam-Stücke sind immer nur Songs und keine Symphonien. Es sind Tracks und keine Alben. Slam-Abende sind flotte Revuen und keine Konzerte.

Das fördert die Geschwindigkeit, mit der im Slam produziert wird. Und die erhöhte Geschwindigkeit wiederum fördert die Geschwindigkeit, mit der sich die Texte weiterentwickeln. Weil die Wege zwischen Notizbuch und Bühne so kurz sind und weil die Zeit zwischen den Auftritten wie im Flug vergeht, lernen die Artisten und Artistinnen schnell. Oder sie geben auf. Slammer oder Spoken-Word-Performer sein, heißt: dauernd zu trainieren. Alles geht Schlag auf Schlag.

Das verstärkt den Wirbel, der in den letzten zwanzig Jahren rund um die Wort-Artisten-Szene entstanden ist. Immer schneller sind von ihm die jungen Talente eingesogen und auf die Bühne geworfen worden. Einige von ihnen standen mit fünfzehn das erste Mal am Mikrofon. Viele hat der Slam wie ein starker Durchlauferhitzer auf beeindruckende Temperaturen gebracht. Große Slammer sind ins Comedy-Fach gewechselt. Andere sind Werbetexter geworden. Man hört von Professoren, die einst Slammer waren und jetzt Vorlesungen halten. Es gibt auch Slammer, die sind Songwriter geworden. Oder Lyriker. Oder Romanautoren.

Alles schaut wie gebannt auf die Schreibschulen an den Universitäten, an denen Autoren ausgebildet werden, die als Bachelor oder Master den Literaturbetrieb prägen sollen. Aber hat jemand schon einmal ganz konkret ausgezählt, was der Poetry Slam für die Literatur und ihren Betrieb gebracht hat? Ist man sich eigentlich klar darüber, dass so unglaublich viele Autoren überhaupt erst durch den Slam zum Schreiben gekommen und auf der Bühne ausgebildet worden sind und dort oben ihre inneren und äußeren Stimmen weiterentwickelt haben, immer hin und her zwischen hop oder top, Sieg oder Niederlage?

Der Poetry Slam ist nie eine gemütliche Schreibschule gewesen. Slammer konnten nie ihre Schreibblockaden mit bemühten Selbstreflexionen intellektualisieren. Der Slam kennt keine Dozenten, die vorführen, wie man für den Elfenbeinturm oder den Bahnhofsbuchhandel produziert. Slammer kennen keine wöchentlichen Schreibwerkstätten, in denen sie Creditpoints für ihren Abschluss verdienen. Der Slam ist, was die Amerikaner »the school of hard knocks« nennen. Die Schule der harten Schläge. Das Klassentreffen auf dem Bordstein.

Während sich in den letzten zwei Jahrzehnten in den feinen Etablissements der Literatur alles bis zur Langeweile wiederholt hat, wurde das literarische Schreiben und Sprechen aus dieser Schule der harten Schläge mit völlig neuen Impulsen versorgt. Dass die Literatur heute wieder Frische hat und fasziniert; dass sie als großartiger Event wiederentdeckt worden ist; dass die Säle gefüllt sind, wenn Autoren kommen und lesen und sprechen und mit dem Publikum spielen; dass man zu Lesungen geht, weil man etwas Starkes erleben will – das alles geht auf den Poetry Slam zurück.

Ist das zu dick aufgetragen? Nein! Die Feuilletonchefs, die Kulturredakteure, die Literaturkritiker und die Literaturgeschichtsschreiber mögen die Nase rümpfen. Sie mögen sich darüber mokieren, dass nun ausgerechnet das, was in ihrer Filterblase doch gar nicht als echte Literatur zählt, so viel stärker und einflussreicher als das sein soll, was sie als Qualitätsliteratur einstufen und zur Rezension durchlassen.

Dabei ist das noch gar nicht alles. Slam ist noch viel mehr. Er hat nämlich die Literatur nicht nur mit neuem Leben erfüllt, als sie in ihrer eigenen Langeweile zu ersticken drohte. Der Poetry Slam hat die Literatur auch an riesige Energiereservoirs der Medien- und Popkultur angeschlossen, aus denen sie langfristig schöpfen kann.

Es ist kein Zufall, dass die Performance-Literatur ihren ersten großen Hype erlebt hat, als sich die PCs verbreitet und zum Internet zusammengeschlossen haben. Auf die Krise des gedruckten Wortes hatte der Poetry Slam eine produktive Antwort parat. Mitten in der Krise hat er zwei Sachen ins Spiel geholt, die in der Printkultur nie richtig mitspielen durften: den Körper und die Stimme. Live und unmittelbar. Und zwar so intensiv, dass das Gedruckte mindestens für ein paar Momente völlig vergessen werden konnte.

Damit hat der Poetry Slam vollzogen, was in der Medientheorie schon lange vorher als »sekundäre Oralität« bezeichnet wurde. Die Hochkonjunktur der Mündlichkeit unter den Bedingungen einer neuen Medienkultur. Die elektrifizierte Wiederbelebung des gesprochenen Wortes. Die digitale Transformation der Lautlichkeit. Damit steht der Poetry Slam in der Tradition der Klang-Literatur, die in der deutschen Literaturgeschichte bis in die magischen Sphären der Merseburger Zaubersprüche zurückreicht. Er steht zugleich in der Tradition der avantgardistischen Literaturen, deren Autoren mit dem Radio, den Plattenspielern, den Tonbändern, dem Fernsehen, dem Video und den Computern versucht haben, die Festlegungen der Schrift aufzusprengen und ihr neue Dimensionen zu öffnen.

Diese neuen Dimensionen liegen für den Slam nicht nur im Wechsel von der Buchseite zum Bühnenraum. Sie liegen viel grundsätzlicher im Wechsel vom Sinn zum Sound. Texte und Performances können sich nämlich treiben lassen von Rhythmen und Melodien. Sie können umgekehrt die Rhythmen und die Melodien in ihre Richtungen zwingen. Der Poetry Slam nimmt damit für die Literatur auf, was die Popmusik vorgemacht hat.

Man sollte es nicht vergessen: Allen Vorbehalten gegen die Kulturindustrie zum Trotz sind die atemberaubendsten Fortschritte in der zweiten Hälfte des 20. Jahrhunderts für die Lyrik nicht in den Elfenbeintürmen gemacht worden, sondern in der Popmusik. In Form der Lyrics. Hier sind in rasender Geschwindigkeit unerhörte poetische Kombinationen ausprobiert worden. Und das mit größter Reichweite und intensivsten Wirkungen. Millionen, zuweilen Milliarden von Menschen hören Zeilen derselben Songs und singen sie mit. Popmusik webt dabei die literarischen Texturen in Lebensstile ein. Die werden von den Hörern für individuelle biografische Kontexte adaptiert. Sie werden variiert, weiterentwickelt und wieder in den Pool eingespeist, aus dem sich die Nächsten bedienen.

Ist es denn dann jetzt zu dick aufgetragen, wenn man behauptet, dass der Poetry Slam vom selben produktiven Prinzip wie die Popmusik lebt? Von der Arbeit an den Lyrics, die nicht bestehenden Sinn wiederholen, sondern ihn überhaupt erst machen, herstellen, ausprobieren?

Nein. Dass es nicht zu dick aufgetragen ist, lässt sich an all den Texten ablesen und den dazugehörigen Audio-Files hören, die hier versammelt sind. Es ist die Schwergewichtsschau der Slam-Bewegung. Es ist ein Absolvententreffen der school of the hard knocks der deutschen Literatur.

Sie führen hier nicht nur ihre besten Stücke auf. Sie zeigen auch, in welcher Bandbreite sich der Slam als Ganzes entwickelt hat, welche Stile sich auf der Ebene der Texte, der Sounds und der Performances herausgebildet haben und welches Themenspektrum dabei in den Texten abgedeckt wird.

Für die Literatur ist mit all dem etwas ganz Großartiges passiert. Der Slam hat das Genre Sprechtext für die Literatur up to date gebracht. Der Slam hat für den Sprechtext zugleich neue Maßstäbe gesetzt. Und er hat dabei Werkstücke von einer ganz eigenen, großartigen literarischen Qualität hervorgebracht.

So groß- und eigenartig ist die, dass sie sich längst nicht mehr mit den Qualitätsmaßstäben messen lassen muss, die in den Schubladen der alten Schreibtische der Feuilletonisten und den Akten-schränken der Literaturwissenschaftler liegen. Über hop oder top, Sieg oder Niederlage entscheidet jetzt nämlich das Publikum im Saal, wenn der nächste Wort-Artist angesagt wird.

Der Applaus zieht an, wird laut, er hält sich ein bisschen, ebbt wieder ab, jemand pfeift noch oder johlt, von hinten an der Bar hört man ein paar Leute sprechen, es gibt kleine Ermahnungen, Zischlaute, dann wird es fast ganz still. Und jetzt: Es ist dieser Moment, wenn niemand genau weiß, was passiert.

Das Vorwort anhören:
www.slamfibel.de/vorwort.mp3

1.
SAGENHÖREN

SEBASTIAN KRÄMER
ÜBER MIKROPHONE

Reden wir doch mal über Mikrophone!
Reden nicht in sie hinein, nein:
Reden wir mal über Mikrophone,
wie man über Leute lästert, die nicht da sind,
oder über Leute, die zwar da sind,
aber nichts zu melden haben. Mikrophone,
die mich über irgendwelche Boxen schicken wollen,
damit ich euch dann von dort erreiche,
nach dem Motto: Warum einfach, wenn's auch kompliziert geht.
Danke für den Lieferservice, doch wo ich nun schon mal da bin,
kann ich auch gleich selber zu euch sprechen.
Oder habt ihr hier für Worte Leinenzwang verordnet?
Mikrophone, das sind die, die zwischen uns nicht länger
stehen sollten, die es auszuräumen gilt, wie jedes
andre Mißverständnis auch. Also
reden wir doch mal über Mikrophone,
die, die so oft laut werden,
weil sie so empfindlich sind!
Kollektiv-Hörgeräte,
Kracheintreiber, diese gnadenlosen
»Hier ist vorne, hier spielt die Musik!«-Bestimmer!

Diese Hip-Hop-Ansaugapparate,
(Willst du einen Rapper fangen,
bau im Wald ein Mikro auf,
und grab davor ne Fallgrube,
bißchen Laub drüber, rums, Klappe zu, Affe tot!)
Reden wir doch mal über Mikrophone,
diese akustischen Schluckspechte,
die am lautesten losjaulen,
wenn sie's mit sich selber treiben!
Kein Pfarrer kann mehr ohne
Mikrophone, kommt nicht ohne Sprechanlage
gegen seine eig'ne Kathedrale an,
und wenn er schreien müßte,
würde er dann unglaubwürdig?
Unglaubwürdiger, als er schon ist? Wohl kaum!
Mich missionierst du nicht, mikrophonierter
Leisetreter! Aber dafür läuft dein
Dat-Recorder mit und sagt zu allem Ja und Amen.
Reden wir doch mal über Mikrophone,
diese eisernen Frequenzgangkommandeure,
denen alle hinterhermarschieren,
diese klirrenden, bei jedem P polternden
Wind-in-weißes-Rauschen-Verwandler
und notorischen Hustenüberbewerter!
Mikro kommt nun mal von kleinlich!
Mikro, Mikro,
merkste was?
Ich rede mit den Leuten, nicht mit dir
und deinen Hintermännern,
die du immer zur Verstärkung um dich hast!
Mikro, Mikro,
du durchlässige Niere,
phurzender Phallus am Phaden,
ich brauch dich nicht samt deinem Ständer,
wärst du noch so drahtlos, noch so fliegenscheißgleich,

noch so unsichtbar. Mikrobe am Revers.
Mikro, Mikro,
ich nenn dich Heiner Lautermach!
Kennste den schon? Mikros sind wie Bräute:
Je weniger abgeht, desto höher die Aussteuer!
Apropos »lauter mach«:
Ich bau aus meinen Händen mir ein Megaphon!
Da kommt dann echt was raus!
Was kommt bei dir raus?
Blöde Ströme!
Ganz schön leise, wenn du mich fragst,
braucht man echt viel Phantasie, um was zu hören,
wenn ich da die PA wär, ich würd'
Urheberrechte verlangen.
Mikro, Mikro,
Kabelgeschwulst,
Was wäre Goebbels ohne dich gewesen,
was die Stasi, IM Unverzichtbar, du Wanze!
Wie bitte, ein Einwand? Ein Protest? Hört! Hört!
Ach, du meinst, man hört mich nicht,
na, sieh mal an, man hört mich nicht,
are you Shure, SM 58? Are you really?
Fragen wir doch mal die Reihe 58,
ob sie mich nicht hört.
Wer mich nicht hört, der soll es sagen!
Oder soll für immer schweigen.
Ich höre! Ich höre!
Ach, übrigens:
Als Mose sprach zum Volke Israel, wo warst'n da?
Ich höre, ich höre!
Als Ali Baba sagte: »Sesam, öffne dich!«
Warst du vonnöten, oder ging die Tür von selber auf?
Ich höre, ich höre!
Okay – dann ändern wir den Anfang der Geschichte:
Bitte schön: Im Anfang war das AKG!

Dann erst kam Gott und sprach: »Ich hör mich nicht.
Bitte mal bißchen mehr auf den Monitor!«
Reden wir doch mal über Mikrophone!
Reden nicht in sie hinein, nein:
Reden wir mal über Mikrophone,
wie man über Leute lästert, die nicht da sind,
oder über Leute, die zwar da sind,
aber nichts zu melden haben.
Weißt du was, Heiner?
Weißt du was, kleiner Mann,
größter Großkotz unter den Gestirnen,
die Gestirne zeig ich dir jetzt mal,
ich nehm dich nämlich mit,
wozu habe ich dich ausgedockt?
Zeig den Leuten deine
blutende Buchse: deinen dreifaltigen Plug,
jetzt hat sich's ausgetöpselt, Freundchen!
Denn wir geh'n jetzt ins Olympiastadion,
ist bißchen größer als die Bude hier.
Und da sind ganz viele deiner knackigen Kollegen, alle
angeleint, die steh'n in Lohn und Brot, und wenn sie
dich seh'n, ohne Kabel, ohne Sender,
glaub mir, da ham die so richtig was zu tratschen!
Gaffen baß erstaunt mit aufgerissenen Kanälen.
Aber wir geh'n geradeaus nach vorne an die Rampe,
sogar Wolfgang Petry hört zu singen auf,
und ich sag:
»Reden wir doch mal über Mikrophone!«
Und dann gehn wir nach New York, und ich sag:
»Five-six-seven-eight,
let's talk about microphones!«
Und wenn ich dich dann irgendwann mit Talg beschmiere,
lauter Körner auf die Kapsel klebe,
solche, die die Vögel lieben, Sonnenblumenkerne beispielsweise,
dann hat deine Odyssee ein Ende,

denn dann gehen wir nach Ecuador,
wo irgendwo im Regenwald
die Welt zu Ende geht,
da steht ein Mikrophonstativ.
Das wartet da auf dich.
Dann sage ich: »Gehab dich wohl!«,
und du sitzt in der Klemme,
ohne Popschutz, ohne Trittschallfilter, ohne Spinne,
na, vielleicht mit Spinne schon, wer weiß!
Und während ich beherzt von dannen dance,
nahen schon die ersten Kolibris und Aras,
und dein knurpselndes Gekeuche
unter ihren Schnäbeln, diesen
chronisch krankophonen Krach

wird niemand hören.

Diesen Text anhören:
www.slamfibel.de/titel1.mp3

VOLKER STRÜBING
DAS MÄDCHEN MIT DEM ROHR IM OHR
UND DER JUNGE MIT DEM LÖFFEL IM HALS

Es war einmal ein Mädchen. Als es noch ganz klein gewesen war, hatte ein doofer Junge so schlimme Ausdrücke zu ihm gesagt, dass es auf der Stelle taub wurde, damit es so etwas nie wieder hören musste. Die Eltern des Mädchens gingen mit ihm zum Ohrenarzt, zum Gehirnarzt und zum Allesmöglichearzt, und die Ärzte arzteten wie verrückt an dem Mädchen herum, doch sie konnten nur einen kleinen Teil seiner Hörfähigkeit wiederherstellen. Mithilfe eines großen Hörrohres, das sich das Mädchen ans Ohr hielt, konnte es gerade einmal jede dritte Silbe hören. Wenn die Mutter des Mädchens zum Beispiel sagte: »Guten Morgen, mein Liebling«, hörte das Mädchen nur: »Gugenling«.

Zum Glück für das Mädchen und seine Mutter hatte es einen so langen Namen, dass es ihn nicht überhören konnte, wenn man es rief. Doof wäre gewesen, wenn es zum Beispiel Ulf geheißen hätte. Doch das Mädchen hieß Karin-Antoinette-Felicitas, und wenn die Mutter den Namen rief, hörte das Mädchen »Kartofeltas« und wusste, dass es gemeint war.

Das Mädchen war oft traurig, denn es war sehr einsam, da in dieser schnelllebigen Zeit niemand die Geduld hatte, alle Silben dreimal zu sagen, damit es etwas verstehen konnte. Manchmal kam es auch zu schrecklichen Missverständnissen. Eines Tages sprach ein an sich netter Junge das Mädchen an. So nett war er, dass er sich vielleicht sogar die Zeit genommen hätte, jede Silbe dreimal zu sprechen, wenn er nur gewusst hätte, welche Bewandtnis es mit dem Mädchen und dem großen Hörrohr hatte. Doch er hielt es für ein ganz gewöhnliches schwerhöriges Mädchen und sprach deshalb extra laut in das Rohr: »Hey, du, hast du Lust, im Bistro

mit mir Kuchen zu essen? Eclairs mag ich, aber du suchst aus –
Quark, Kirsche, Plunder, Käsekuchen ...«, doch das Mädchen verstand: »Hey, du bist mir zu eklig, du Quarkplunse!« Das Mädchen
lief entsetzt davon, setzte sich auf einen Stein auf einer Wiese und
weinte bitterlich.

Da aber kam ein anderer Junge des Wegs. Diesen Jungen nannten
alle nur Loschka – »Löffel« –, weil er, als er noch ganz klein gewesen war, einen Löffel verschluckt hatte, der ihm seither quer im
Hals steckte. Ärzte hatten versucht, den Löffel zu entfernen, doch
er klemmte so ungünstig, dass man dazu entweder den gesamten Kopf oder den gesamten Körper hätte abschneiden müssen,
und das war in jenen Zeiten, in denen unser Märchen spielt, noch
mit großen Risiken für den Patienten verbunden. Seit jenem Tag
konnte der Junge nur noch in der Löffelsprache oder, wie er selbst
gesagt hätte: der »Lölöwöffelewelspralawachelewe« reden. Als er
das weinende Mädchen sah, lief er zu ihm und bot ihm etwas
von seinem Eis an: »Halawallolowo duluwu! Wiliwillst duluwu
elewetwalawas volowon meileiweinelewem Eileiweis halawabele-
wen?« Für das Mädchen aber klang es beinahe wie: »Hallo du!
Willst du etwas von meinem Eis haben?«, und es wunderte sich.
»Wahrscheinlich habe ich mich verhört«, dachte es, und statt zu
antworten, weinte es einfach weiter.

Doch der Junge gab nicht auf. »Walawaruluwum weileiweinst
duluwu?«, fragte er, und das Mädchen verstand: »Warum weinst
du?«, und schaute den Jungen erstaunt an. »Weil sich niemand
die Zeit nimmt, mit mir zu reden!«

Der Junge nickte. »Dalawas kelewennelewe iliwich! Miliwir wi-
lilwill aulauwauch iliwimmelewer nieliewiemalawand zuluwu-
hölöwörelewen.« Und dann fragte er das Mädchen nach seinem
Namen, und das Mädchen wischte sich die Tränen aus den Augen und antwortete: »Karin-Antoinette-Felicitas«, und der Junge
wiederholte träumerisch: »Kalawariliwin-Alawantolowonelewette-
lewe-Feleweliliwiciliwitalawas, welewelch eileiwein schölöwönele-
wer Nalawamelewe!« Und das Mädchen hörte: »Karin-Antoinette-
Felicitas, welch ein schöner Name!«, und seine verheulten Augen

strahlten den Jungen an. Der Junge dachte zuerst, es habe Drogen genommen, denn für gewöhnlich wurden die Augen der Zuhörer stumpf und teilnahmslos, wenn er sprach. Doch dann begriff er, dass das Mädchen ihm tatsächlich zugehört hatte. Und da sprang es auch schon auf, ergriff schüchtern seine Hand, und im nächsten Moment gingen die beiden Händchen haltend in den Sonnenuntergang, ihrem Glücke entgegen.

TIMO BRUNKE
DAS GESPROCHENE WORT

ist eine Hyperbewusstheit,
ein entschiedener Daseinszustand,
ein Kokon für sprecherische Schmetterlingstransaktionen,
ein Hochsitz für poetisch reale Phänomene,
ein Passwort für den Zutritt zu einem unzerstörbaren Gehörgarten,
ein sublimer Fetisch, ein kunstmagischer Talisman,
eine Bitte um invasive Imagination,
ein Gesuch um Kalibrierung psychischer Energien
mit sprachlich geformten Schallwellen,
ein Blindflug durch die Wolke,
die den poetischen Augenblick vom Jetztzustand
seines Darstellers trennte,
ein Präsenzmodus, vorbereitbar, aber nicht voraussetzbar,
ein Taubenschlag, ein Ein- und Ausfliegen luftigster Gegebenheiten,
ein akustisch-imaginativer Akt in utopischer Lebendigkeit,
der Anbruch der Poesiezeit für die Dauer genau dieses Poems,
eine Drehorgel, deren Walze nur ein einziges Mal,
nämlich genau jetzt, zum Einsatz kommt,
stofflich spürbare Erfindungswirklichkeit,
eine vierdimensionale Sonnenuhr auf Vollmondbasis,
ein gänzlich aufgezogener Vorhang,
das Wetter hinter dem Wetterleuchten,
eine Qualifikation von Zeit,
die Übergabe eines künstlerischen Vorhabens
an den Moment seiner Bestimmung,
die bestmögliche Aufführung dieses Poems,
der Traum des Performancepoeten
von vollendeter Gegenwart.

NORA GOMRINGER
SAG DOCH MAL WAS ZUR NACHT

Sag doch mal was zur Nacht, dieser Nacht mit den Sternen
und Steinen am Boden unter der Decke auf dem Hügel,
auf den der Mond sich gelegt hat, mit dem Gesicht in den
Händen, du sagst ja gar nichts zu der schönen Nacht,
dieser Nacht, mit Näglein besteckt, mit Rosen bedacht, du
sagst eh viel zu selten irgendwas, könntest doch jetzt mal
was sagen, sagen, zur Nacht was sagen, zu dieser Nacht
vor allen anderen, vor allem anderen, könntest doch mal,
könntest, könntest mal was sagen zu den Sternen, den
Steinen, den Mondstrahlen auf dem Hügel, zum Meer,
zum Sturm, DAS IST DOCH NUR WIND, na, siehst du,
kannst doch was sagen, was sagen zum Sturm, der kein
Sturm, SONDERN NUR WIND ist, zum SturmWIND, der
mich ganz zerzaust, sagst gar nichts zu mir und meinem
zerzaust sein, sagst gar nichts, so zerzaust bin ich vor dir,
so zausig, sagst immer nie was zum Zerzaust-Sein, zum
vom Sturm zerzaust sein, VOM WIND, ja, hast ja recht,
VOM WIND, zerzaust sein, so stürmisch, VOM WIND,
zerzaust sein, sagst auch gar nichts Rechtes über die
Nacht und die Sterne über den Köpfen und zu den Füßen
auf den Steinen, SCHÖN, siehst du, findest du auch,
siehst du, findest du auch, das wusste ich, dass ich findest
du auch würde sagen können, weil's ja SCHÖN ist, wusst'
ich gleich, dass du das finden würdest, so SCHÖN, diese
Nacht, die du SCHÖN nennst, du bist ein Dichter, ein
Dichter bist du, ein Dichter, findest du nicht, einen Dichter
finde ich dich, einen herrlichen DICHTER, ja, einen

DICHTER, sag doch was zur Nacht, was zum Sturm, zum Zerzaust-Sein im Sturm, zum SCHÖN-Sein im WIND, diesem Sturm, dieser Nacht im Sturm auf dem Hügel, auf dem das Mondlicht, na, du weißt schon, du weißt schon, ICH WEISS SCHON, siehst du, ich wusste, dass du es wusstest, und ich wusste, dass du es weißt, denn wir sind uns ja einig auf diesem Hügel in der Nacht, der Nacht auf dem Hügel, die so SCHÖN ist.

Diesen Text anhören:
www.slamfibel.de/titel2.mp3

BITTE, ICH VERSUCHE ZU SPRECHEN

Ich halte die Zunge in die Luft, aus der Mundluft
in die Außenluft. Ich spreche mit Zunge, Mund
Kopf, Bauch, mit Körper. Ich phrasiere und frisiere
die Sätze. – Ja, ich spreche.

Bitte, ich versuche, mit dem Sprechen anzufangen.
Ich spreche schon, sehen Sie meine Zunge?
Die Zunge weniger. Aber die Lippen, sehen Sie meine Lippen?
Sie sind ganz anders beim Sprechen, sehen Sie,
wenn ich spreche, hören Sie zu, wenn ich spreche?
Ja, ich spreche: – Und wenn Geist und Körper sich da
zusammentun, kann Sprache entstehen: So. – Ja,
sie spricht, sie, ja, ich kann sprechen.

Aber heute ist der Tag, an dem ich mehr als sprechen will.
Ich will eine mir eigene Sprache sprechen, eine neue, meine
Sprache schaffen, ich will die Sprache dressurreiten
ganz mit meinem Körper. Alles muss
stimmen, auch der Himmel. Da haben wir es.
Die letzten Wolken ziehen ab:

Es stimmt alles.

Ich werde sprechen, so meine Sprache ersprechen,
ich mache alles neu! Ich werde ihr gehalterte Zügel anlegen,
sie exzellent kaputt schlagen, zensieren, sie neu ausrichten
und anstreichen, sie neu fügen: Ich werde die Sprache
dressurreiten nach meinem Gusto und mit meinem Gestus!

Gusto = Geschmack
Gestus = Gebärde / Ausdruck

Sinn und Klang, ich werde euch schieben, bitte:
Der Klang wird neu, der Sinn ist schon der Klang selbst.
Was los ist, bitte, verstehen Sie?
Bitte, ich werde mein Sprechen der Sprache vorführen,
ich werde die Sprache vorführen. Und bitte, ich werde mit
der Sprache in meiner Sprache sprechen.

Doch das Dressurreiten der Sprache fordert
meine Konzentration, bitte, seien Sie lautlos.
Ich kann doch nicht sprechen in meiner Sprache, wenn
überall noch die Sprache ist! Doch Sie
verstehen mich nicht, Sie schweigen nicht: So.

Doch ich kann auch die Sprache sprechen, ich
kann auch Ihre Sprache sprechen, ich
kann auch unsere Sprache sprechen, aber ich
hätte eine eigene dressurzureiten eigentlich vorgehabt, eine neue zu
schaffen eigentlich vorgehabt, meine Sprache zu
schaffen eigentlich vorgehabt.

Doch ich werde sie noch schaffen!
Bitte, es war nur ein Versuch, ich fange an
zu sprechen, ich fange an zu sprechen mit
der Sprache, jetzt schweigen Sie, verstehen Sie?
Jetzt verstehen Sie, danke.

Diesen Text anhören:
www.slamfibel.de/titel3.mp3

DIE GRENZEN DER SPRACHE

Enrico sitzt mir gegenüber und streicht gedankenverloren über seinen Schlagring, der seinen Gegnern, mit der nötigen Gewalt auf die Stirn gedrückt, das Emblem seines Lieblingsvereins Dynamo Dresden auf selbige applizieren würde. Er hat seit unserem Besuch der Kapelle der Versöhnung ein erstaunliches Interesse an Geschichte entwickelt, ein Umstand, der mir als ehemaligem Geschichtsstudenten natürlich in die Karten spielt. Ich erzähle ihm von der Magna Charta libertatum, die im 13. Jahrhundert in England entwickelt wurde und so etwas wie die Grundlage der modernen parlamentarischen Demokratie darstellt und darüber hinaus jedem Engländer freistellte, jederzeit sein Land zu verlassen. Ein Recht, das zum Beispiel siebenhundert Jahre später nicht jeder Mensch auf der Welt hatte. Wahnsinn. Leider schläft Enrico dabei fast ein.

»Und dann«, sage ich, »dann haben die Barone gesagt, König Johann, das kannste so nicht machen, wir haben hier folgendes Dokument für dich. Und dann hat er das zum Schein signiert, ist aber dann zum päpstlichen Legaten gegangen und ...«

»Moooooment!«, fährt Enrico dazwischen. »Ständig sagst du ›und dann‹, was für mich bedeutet, dass die Geschichte glei vorbei is und ich dir eene off die Fresse hauen kann, aber nee, nach jedem ›und dann‹ kommt noch een ›und dann‹, und dann kommen ungefähr tausend Worte, die ich ni verstehe.«

»Zum Beispiel?«

»Nee, Alter, wenn ich jetzt noch anfange, mir jedes Wort erklären zu lassen, dann werden wir gar ni mehr fertig. Wir sind hier doch ni in der Schule. Ich hätte glei vors Stadion gehen sollen, statt mit dir hier sinnlos rumzuhängen. Marscho und die Jungs warten off een paar Ultras, die se klatschen wollen!«

»Ich habe das unbestimmte Gefühl, dass irgendetwas am Thema unserer Unterhaltung dich nicht, nun ja, unterhält.«

»Das hat dor nischt mitm Thema zu tun, es ist halt nur ooch immer die Frage, wie man das macht. Ich sage nur: Action!«

»Wie, Action?«

»Na, du musst mir das mit meinen Worten erzählen. Ni mit deinen Studentenfloskeln. Da muss Blut fließen.«

»Du spielst sicherlich auf die Kommunikationsmaximen von Grice an, die Anpassung der Sprache des höher gebildeten Individuums, nennen wir es A, an die des ...«

»Ich meene, wenn der Marscho eenen dummen Witz über meine Mutter macht, dann sage ich: Fresse, sonst gibt's off die, na, Fresse. Und dann gibt's meistens off die Fresse, weil der hält seine Fresse nie. Aber wenn mich so een Anzugträger dumm anguckt, dann sage ich höflich: Entschuldigen Sie, mein Herr, Sie haben mich soeben schief beäugt. Würden Sie bitte die Brille abnehmen, die hilft Ihnen nämlich ooch ni beim Verdauen Ihrer Zähne. Und dann! Und dann gibt's off die Fresse!«

»Und dann?«

»Na, nischt. Kommukation fertsch! Es kann so einfach sein.«

»Aber Gewalt kann doch nicht die Grenze unserer Sprache sein. Das ist doch unterste Schublade. Wer schlägt, weiß sich nicht mehr auszudrücken.«

»Wenn aber Dresche die einzige Sprache ist, die die Leute verstehen? Een Schlag sagt mehr als tausend Worte!«

»Soll ich dich jetzt verkloppen, damit du meine Geschichte zu Ende hörst? Oder sollte ich so tun, als wäre die gesamte Entwicklung Englands im Mittelalter wie *The Expendables 2*?«

»Nee, aber so een bissl vielleicht. Da gab's doch bestimmt ooch Kriege. So was interessiert mich. Waffen, Wunden, Wehranlagen.«

»Du meinst, weil ich mich zu viel mit Sprache beschäftige, vergesse ich manchmal, die Art meiner Erzählung an meine Gesprächspartner anzupassen? Was dazu führt, dass aus einem reinen Austausch von Informationen etwas anderes wird, nahezu Kunst, die Kunst des ...«

»... Sülzens. Wenn du mich fragst. Und ich bin noch eener von der freundlichen Sorte.«

»Aber ich habe doch dir gegenüber einen Bildungsauftrag.«

»Du hast mir gegenüber einen Bierholauftrag.«

»Das war witzig. Du bist witzig.«

»Ich bin durstig, das ist alles.«

Bierbestellpause.

»Gut, Bier ist bestellt. Jetzt aber noch mal Tacheles. Es gibt so viele Sprüche: Schönheit ist nur eine Frage der Geschwindigkeit des Blicks. Jede Kette ist nur so stark wie das schwächste ihrer Glieder ... Aber wie ist das mit der Weisheit? Jemand, der wirklich klug ist, der ist doch eigentlich ohne Makel. Was kann man denn dagegen sagen?«

»Weisheit ist auch nur ein Mangel an Sex.«

»Hä?«

»Wer nur liest, hat keenen Sex. Wer keenen Sex hat, liest nur.«

»Man kann doch aber nicht alles über den Sex erklären.«

»Klar.«

»Gut, dann erkläre mal Kommunismus.«

»Keen Problem. Aaaalso: Wenn jeder alles haben darf, wie im Kommunismus, dann kann man ja prinzipiell mit jedem bumsen. So weit klar?«

»Ja, stimmt. Und dann?«

»Wenn ich jetzt aber ni will, dass jemand meine Maus, die Sandy, sag ich mal, so ä bissl hier, na ja, knick knack und so, dann werd ich sauer. Jetzt hat aber der andere 'ne Knarre, und ich hab nur hier, meine eiserne Faust, also suche ich mir noch mehr Leute, die ooch sauer sind off den andern. Und dann weeß der ni, off wen er zuerst schießen soll, und wird totgeboxt. So funktioniert Kommunismus.«

»Also eigentlich funktioniert er so nicht.«

»Na, das meene ich ja. Kommunismus hat noch nie funktioniert. Guck dir das doch an, DDR, Russland, alles Egoisten. Und alle erzählen immer, Hooligans sind schlimm. Wir haben wenigstens noch eine Vorstellung von Eigentum. Und ich sag dir noch was. Die Egoisten im Kommunismus, die dummerweise ooch noch die Regeln gemacht ham, ham halt teilweise den andern gesagt: Nee, Bier ist leider alle die nächsten fünf Jahre, müsster gucken, müsster Quittensaft trinken. Aber schön im Hinterzimmer hamse dann bei der nächsten Parteibesprechung die Kästen, äh, kastenweise gesoffen. Aber es war ni alles schlecht im Osten!«

»Doch, es war alles schlecht.«

»Verarscht, das war 'ne Riesenscheiße alles.«

»Es ist halt schade, dass aus einer guten Idee einfach ein Riesenhaufen Müll wurde. Die waren doch gefangen im Dogma.«

»Fremdwörter!«

»Tschuldi. Die waren gefangen in ihren Regeln. Ich meine, da sagt jemand, ich habe keine Lust mehr auf dieses Land, ich will gehen, und er darf nicht. Das ist ein bisschen wie Kindergarten, nur wirste da nicht erschossen, wenn du es trotzdem machst. Das ist der Mist, je größer alles wird, desto komplizierter. Am Anfang sitzt eine Gruppe von Hippies gemütlich um den Suppentopf, und jeder kriegt eine Schüssel Suppe, den bedingungslosen Grundeintopf. Aber irgendwann will der, der die Suppe kocht, ja auch der sein, der sie verteilt. Nach seinem Gutdünken. Und dann gibt's Stress!«

»Oder: Je länger du redest, desto nerviger wird's. Pass off, es ist ganz einfach ...«

»Kommt jetzt die Weltformel?«

»Bier!«

»Bier?«

»Mit Bier läuft alles besser. Solange es Bier gibt, sind alle gut droff.«

»Ich bin gespannt auf deine Beweisführung.«

»Das brauche ich ni beweisen, das ist Fakt. Lieber Frau und Kind erschießen, als einen Tropfen Bier vergießen, zum Beispiel.«

»Das reicht mir nicht.«

Enrico setzt ein listiges Gesicht auf.

»Du bist ganz schön aggro droff grade.«

»Ja, weil das Quatsch ist, was du erzählst.«

»Ich gloobe, das hat einen anderen Grund.«

»Aha. Welchen?«

»Der steht vor dir. Beziehungsweise gerade ni.«

Er zeigt auf mein leeres Glas. Dann auf seins. Dann auf seinen Schlagring.

»Okay, überzeugt.«

Bierbestellpause.

»Um aber noch mal auf die Magna Charta zurückzukommen.«

»Nee!«

»Nee?«

»Nee.«

»Und dann?«

»Würdest du bitte die Brille abnehmen?«

TOBY HOFFMANN
LANDSTALTEN REVISITED

die bilder kommen und gehen
sammeln geschichten ein
kommen mit vollen händen
kommen an und drängen ins offene

wenn gebäude entstehen
und sehen sich nicht auf farben beschränkt
»sieh wie sie übereinander herfallen«
im tauben bunt / in stumpfen träumen

nur dieses eine mal – landschaften
anstalten will ich sehen
und aufblühen wie ein neugieriges kind
das einen toten vogel berührt

und ich will gar nichts sehen
nichts in bedeutung ersäufen
wo kein sinn drin liegt / kein wort sich findet
ich suche nicht nach einem tieferen grund

sieh
sagt der baum
berühr
sagt das gras
geh
sagt der stein
atme
sagt das meer

aber das brüllen sollte nicht vergessen werden
wenn die pilger zum büfett schreiten
die eingeweihten nach leidenschaft rufen
bleifüße und richtigmacher / auffaller nach gefälligkeit heischen

ich pflanze mir die bilder in den kopf
die wörter in den mund / ich mache keine anstalten
verfange mich zwischen zweizeilern und kunstfloskeln
verstecke mich in gesprächen über dogmen und wahrheit

ich suche das bedeutungsschwangerste husten der welt
bin dem auf-der-strecke-bleiben auf den fersen
vernichtete erfindungen pflastern meine sprechbarrieren
und ein wort wird das andere

sieh
sagt der baum
berühr
sagt der himmel
geh
sagt der stein
atme
sagt das meer

ich fabuliere über farbbeschmierte nackte
die ekstatisch um skulpturen turnen
balz und kontaktpflege auf schwaumweinempfängen
wenn kein auge mehr trocken und kein häppchen kalt wird

ich zähle nicht die reste auf meinem tablett
wenn es rumort im bauch der maschinerie
die kostspielige zeit bittet zur kasse
alles beschallt mit den sirenen der krankenwagen

»mr. ambulance driver, tell me,
for everyone that dies someone new is born«
auf gegenwart warten wir / hirnselig
betrachten die letzten machenschaften von sonderlingen

sieh
sagt der baum
berühr
sagt das gras
geh
sagt der stein
atme
sagt das meer

ich unterlasse es zu atmen
um meine töne zu spüren
zu riechen die bäume das gras das meer
ich schiebe dir ein sprichwort zwischen die zähne

in den bildern werden wir wieder wirklich
geistern durch das klischee von kafka-fluren
und ich versuche für dich ein wort zu finden
um es dir in den mund zu legen

spiel
sagt das brett
denke
sagen die eingeweide
berühr
sagt das ohr
sieh
sagen die hände
schlag zu
sagt das herz
hör zu
sagen die augen
hör zu

Diesen Text anhören:
www.slamfibel.de/titel4.mp3

2.
REDEHANDWERK

DALIBOR MARKOVIC
POESIE IST EINE FORM VON MATERIE

Heute wollen wir uns ein schönes Gedicht zaubern ...

Dazu brauchen wir:
– viel Schwerst- und Maßarbeit
– eine Gesellschaft
– und etwas Lüge und Trick

Wir nehmen zuerst die »Schwerst-« und die »Maßarbeit«.
Wichtig!
Schneiden Sie bei beiden Wörtern das Ende mit der »-arbeit« weg.
Getreu dem Motto:
Ein Gedicht,
in dem viel Arbeit steckt,
gelingt,
wenn man sie nicht mehr schmeckt.

Wir vermengen die verbliebenen »Schwerst« und »Maß« zu
einem Teig, den wir ausrollen, an den Rändern noch etwas trim-
men, und erhalten unser »Versmaß«.

Nun wenden wir uns der Füllung zu:
der »Gesellschaft«.

Diese verwenden wir wie eine Frucht, die wir mit einer Saftpresse auspressen.

So ... Schön auspressen die Gesellschaft.
Die Schale und den kleinen Kern werfen wir weg, und am Ende sehen wir, woraus *Gesellschaft* im Innersten besteht: nämlich aus den Nutz- und Herdentieren
esel schaf
Die Füllung verteilen wir nun über unseren Teig und rollen das Ganze ein.

Als Letztes geht es an die Glasur.
Dazu nehmen wir »Lüge« und »Trick«. Wenn sie keine Lüge zur Hand haben, eignet sich auch eine reife Übertreibung. Wir aber verwenden »Lüge« und »Trick«. Ab in den Mixer ...
wwwwww
und wir bekommen »Lyrik«.

Diese verstreichen wir nun über unseren gerollten Teig.

Das Ganze kann nun in den vorgeheizten Denkofen. Je nachdem, was sie für einen Denkofen zu Hause haben, kann die Backzeit zwischen einer Minute und mehreren Jahren variieren.

Am Ende aber ist sie fertig:
eine Lyrik über Gesellschaft im Versmaßmantel

Noch ein Tipp:
Es gibt einen todsicheren Hinweis dafür, ob sie wirklich gelungen ist. Dann nämlich, wenn Sie das Ergebnis Ihrem Besuch kredenzen, er davon kostet und sagt:

»

Hmm ... ein Gedicht!

«

www.slamfibel.de/titel5.mp3

TEMYE TESFU

DER KÜNSTLER LEBT NICHT VOM APPLAUS ALLEIN

Assonanzen sind meine Mätressen.
Kredenze Kadenzen in tranceschweren Tänzen,
bin ewig von Stanzen und Metren besessen,
will fortwährend gänzlich entgrenzte Sentenzen.

Liturgisch erhaben, gleich heiligen Messen,
des Geistes Korsett und das Mieder zerbrechen,
wenn Worte vibrier'n von plosivprallen Bässen
und Hi-Hats und Claps detonieren beim Sprechen.

Ich streichel Vergleiche. Begaffe Metaphern.
Voll Spiellust des Kindes im Göttergewitter,
und schweife beileibe im Rausch von Erschaffern,
der Glut des Beginnens inmitten von Flitter!

Konfettigeflutete Straßen vor Augen!
Ekstatisch in Rage zur Karambolage,
durchwate ich alles nach Dingen, die taugen,
und jage geplagt in der Sprachencollage —

such irgendwas Festes. Nach etwas, das bleibt.
Ein Text ist nicht essbar, ein Reim ist kein Laib.
Wenn mehr wär', als dass bloß ein Zischlaut sich reibt ...
Was neide ich dem, der den Tisch baut. Ich? Schreib.

Auf diesem Stück Holz, das ein andrer gefällt hat.
Erspäh keine Spähne, kein Mehl an den Händen.
Was krieg ich gebacken, was krieg ich gekeltert?
Doch fresse und saufe ich dennoch. Ach, bänden

die Silben bloß wenigstens Brühwürfelsüppchen!
Zu dünn sind sie mir, von so fader Substanz;
es stillt nicht mal Durst. Ich nipp tippend am Kippchen
und frag nach dem Nährwert vom Lorbeerenkranz.

Ein Stabreim reicht nicht mal zum Stäbchenbesteck.
Selbst Kreide hat nie eine Tafel gedeckt.
Da dicht ich und dichte, die Leitung bleibt leck.
Was, Schreiben? Ein Handwerk? Das ist nicht korrekt.

Es ist nur ein Sandberg, ein Sediment-Turm
(ein Glasmacher bläst dir ein Fenster daraus).
Der Dichter bläst Luft. Und hält sich für Sturm!
Das war's — aber wer schenkt den Bäckern Applaus?

Ein Lob auf sie alle! Die Macher von Dingen!
Ich will immerhin diese Hymne euch singen ...

Diesen Text anhören:
www.slamfibel.de/titel6.mp3

TOBY HOFFMANN
ICH STECKE MIR DIE WORTE IN DIE TASCHE

ich sauge dir silben aus dem rachen
schneide dir wörter
aus dem pulsierenden herz
ich küsse sie dir
von den lippen

auf deiner zunge liegen wörter
sie sprechen zu mir
mit jedem schlag
mit jeder berührung

über deinem kopf schwirrt ein wort
und ich schnappe danach
wie ein fisch nach brot
mit meinen händen
suche ich die worte
auf deiner haut
spiele mit ihnen
mit meinen fingern

ich schneide dir ein wort aus dem fleisch
und stecke es mir in die tasche
ich versuche für dich ein wort zu finden
um es dir in den mund zu legen
und manchmal finde ich eins
oder vielleicht zwei
in einem leichten tran
ein großes wort vielleicht
ich kenne die worte nicht

und wie soll ich sie finden
zwischen den bildern
wenn sie selbst schon
klischee sind und alt
verbraucht und leer
dort ist ein haus
nein das ist kein haus
das ist nur ein bild
von einem haus

ich stecke mir die worte in die tasche
ich sammle sie ein
auf der straße
picke sie vom boden auf
verpacke sie wie samenkörner
in durchsichtige plastiktüten
ich wasche sie von mir ab
und sie fallen mir aus dem haar

ich finde sie in fremden augen
und in schweigenden gesichtern
auf einem bahnsteig
auf der schneedecke im winter
sie liegen im gras
kleben sich an halme
sie stürzen sich in den abgrund
zu mir hinunter
vor meine füße
sie verstümmeln mich
sind manchmal schon tot
verschwinden im fallen
und manchmal sind sie da
und ich bin starr und wie gelähmt
und kann sie nicht fassen
weil sie selbst
fassungslos sind

TIMO BRUNKE
VERBEN WERBEN!

Im Werbewettkampf, dem herben, werben
Wir für unsere Favoriten!
Wir wollen mit Verve für die Verben werben,
Dazu braucht ihr uns gar nicht erst bitten.

Wir werben für die Verben, die das menschliche Handeln
Erst so richtig plastisch beschreiben,
Die Langweilersätze in Action verwandeln –
Dieses Verbengeschäft woll'n wir treiben.

Wenn der Wetterblitz aus den Wolken fährt,
Dann stürzt er auch, schießt, zuckt hernieder,
Dann »tut« der nicht irgend »vom Himmel tun«,
Beim Duden! Nein, das klänge bieder!

Wenn ein neuer Film mit Bruce Willis erscheint,
Dann macht Willis nicht einfach drin »Bumbum«,
Dann schlägert sich Willis, kloppt, rüpelt, grunzt, greint
Und macht nicht einfach nur dumm rum.

Mit Verben, du hörst es, wird die Welt erst bunt,
Wenn du nicht nur gehst, sondern schlenderst,
Wenn du nicht nur redest, sondern du »tust« – etwas kund,
Wenn du die Verben deiner Sätze veränderst!

Wenn du fauchst und schmauchst, wenn du knipst und wippst,
Wenn du bibberst und glibberst und bummelst,
Wenn du rutschst und flutschst, wenn du prahlst und dich aalst,
Wenn du quengelst und dengelst und grummelst.

Wenn du grinst, linst, knickst, zwickst,
Wenn du drehst, wehst, schnallst, krallst, runzelst,
Wenn du ackerst, rackerst, winselst, blinzelst,
Mäkelst, dich räkelst und schmunzelst.

Wenn du pfeifst, keifst, kneifst,
Bockst, rockst, zockst,
Wenn du schwillst, trotzt, quillst, kotzt, stillst, motzt, tillst, glotzt,
Wenn du orgelst, torkelst und borgelst,
Wenn du meuterst, bleuterst und euterst,
Dämpfst, kämpfst, bämpfst, grämpfst, sämpfst, stämpfst,
Hüllst, knüllst, brüllst, strüllst, jüllst, xüllst –

Ja, ihr hört es, eher würden wir sterben,
Als nicht mehr für Verben zu werben!

HELGE THUN
DIE SCHWERE GEBURT

BEIDE: Lass die Sprache ausbrechen!

EINS: Lass sie sich von dir aussprechen!

ZWEI: Wenn du um jeden Satz bangst,
kriegt sie im Schädel Platzangst,

EINS: wird ängstlich, kriegt Klaustrophobie,

BEIDE: doch draußen wird draus Poesie!

ZWEI: Wer bist du?

EINS: Und was ist dein Thema?

ZWEI: Welches Versmaß,

EINS: welches Reimschema

ZWEI: erhöht dein' eig'ner Geistesblitz
zum Drama oder

BEIDE: dreisten Witz?
Die Welt mit Worten drankriegen

EINS: und bezwingen, heißt das Anliegen!
Drum hallo und herzlich willkommen ...

ZWEI: Sag mal, hast du zugenommen?

EINS: Was?

ZWEI: Ich seh da grad so'n Bauchansatz,
und ich merk's ja auch am Platz,
den du auf der Bühne brauchst,
dass du in der Mitte »bauchst«.

EINS: Und? Bin ich jetzt vom Umfang her
für den Herrn kein Umgang mehr?
Ist ihm der Partner jetzt zu dicklich?

ZWEI: Ach fi... vielleicht! Jetzt komm, und krieg dich
wieder ein! Du stehst ja nicht am Pranger!

EINS: Ich bin nicht dick, ich bin bloß schwanger.

ZWEI: Sehr witzig! Du bist also jetzt 'ne Frau!?

EINS: Genau! Ach, Quatsch. Mein Körperbau
hat sich nun mal leicht erweitert,
was dich, so scheint es, leicht erheitert,
weil ich seit Längerem mit 'ner Idee
zu 'ner Geschichte schwanger geh.

ZWEI: Das ist mit Abstand, meine Teuerste,
das absolut Bescheuertste,
das ich im Leben je gehört hab.
Entschuldigung, dass ich gestört hab.

EINS: Im Ernst! Hör zu, ich hatte gerade
vor Kurzem diese Schreibblockade.
Vor mir Papier so weiß und leer,
und plötzlich, da ging gar nichts mehr.
Das Blatt lag da so jungfräulich,
ein Anblick, der bei mir bis neulich
einen Zustand der Erregung
erzeugte und Bewegung
in meine lahmen Glieder brachte
und die Lust in mir entfachte,
dass ich etwas schreiben müsste.
Und während mich die Muse küsste,
schrieb ich im Delirium,
jauchzte froh und grunzte dumm.
Es war fast wie ein Liebesakt,
doch das Blatt – heut blieb es nackt!
Mit dem Dimmer dimmte ich das Licht,
doch ich saß da und konnte nicht!
Trotz Dimmer-Schimmer wurd' es schlimmer.
Und früher konnt' ich immer!
Da bin ich dann zum Arzt gegangen,
hab künstlich 'ne Idee empfangen,
wurd' schwanger mit Ideen dank
Ideen der Ideenbank.

Gezeugt im Reagenzglas!

ZWEI: Und dann vom Korpulenzmaß
her geseh'n den Bauch ausbuchtend?
Ich muss sagen, das klingt sehr befruchtend.
Und du bist sicher, als Ideenhort
ist auch der Bauch der richtige Ort?
Ich mein, ich kann mich ja auch irr'n,
aber gibt es da nicht auch 'n Hirn?

EINS: 'ne Kopfgeburt? Bist du verrückt?
Wie das dann auf die Schläfen drückt!
Die ganze Zeit wie nach dem Saufen
mit so 'nem dicken Kopf rumlaufen?
Das ganze Hirn mit Text verstopft.
Der wird ja auch viel zu verkopft,
zu kompliziert vom Sprachgebrauch.
Nee, guter Text kommt aus dem Bauch!

ZWEI: Termin ist heute, unterstell ich?

EINS: Nee, gestern. Ich bin überfällig!

ZWEI: Und kommt schon was? Ich kann nix sehen!

EINS: Ich wart ja auch noch auf die Wehen.
Aaaaaaaaaarghhhhh!

ZWEI: Um Himmels willen, was ist jetzt?

EINS: Jetzt hamse gerade eingesetzt!

ZWEI: Ach, du Scheiße! Bleib ganz ruhig!

EINS: Na, du bist witzig! Tu was!

ZWEI: Tu ich!
Ich ruf jetzt den Verlag an: RoRoRo!
Nee, Kiwi, Fischer ... hoh, hoh, hoh!
Weiter atmen, nicht bewegen!
Wir müssen dich ganz schnell verlegen!

EINS: Zu spät. Du musst mir Hilfe leisten,
ich druck den Text und du befreist'n!

ZWEI: Du, ich muss los!

EINS: Nein, du wirst bleiben!
Du lebst doch schließlich selbst vom Schreiben!

Und wenn du einmal schon da bist.

ZWEI: Ich bin kein Autor, ich bin Journalist!
Ich schreib über Texte in Rubriken,
schreib Verrisse und Kritiken!
Wenn ich selber dichte, läuft das schief!
Ich bin destruktiv, nicht kreativ!

EINS: Ach Quatsch, du schreibst doch 'ne Kolumne,
da dreht es sich doch sogar um 'ne
... Dings ... Satire.

ZWEI: Stimmt!

EINS: Ha! Wusst' ich!

ZWEI: Aber die ist gar nicht lustig!
Zu verkopft und kompliziert!

EINS: Sag ich doch! So was passiert,
wenn man verzwungen or'ginell
sein will und ... Scheiße, schnell!!

ZWEI: Schnell was? Um Himmels willen!
Wo ist die Flasche? Muss ich stillen?

EINS: Nein, mach, was du kannst, und halt die Fresse!

ZWEI: Presse! Presse! Presse!
Raus mit der Sprache! Du schaffst es!
Das wird ein ganz, ganz zauberhaftes
Sonett, ein Gedicht, ein poetisches Lied!
Ein Sketch, ein Rap mit Beatbox-Beat.

EINS: Mensch, jetzt laber hier nicht voll mich!
Aaaaaaarghhh!!!

ZWEI: Ach, guck mal, süß! Wie goldig!
Gratuliere! Das hast du toll gemacht!
'nen gesunden Text zur Welt gebracht.

EINS: Was ist es? Hellblau oder rosa?
Ein junger Text, ein Mädchen in Prosa?

ZWEI: Es sieht ganz danach aus, als wär'sen
Geburtsgedicht in Knittelversen.
Die Reime mal männlich, mal weiblich,
da wird es dann aber auch Zeit, sich

zu überlegen, wie es heißen soll.
Ob Nils, ob Niko oder Nicole,
ob Kathrin, ob Katja, ob Kurt?

EINS: Nee, das nenn ich »'ne schwere Geburt«!

3.
SPIELWIESENWÖRTER-
SPRIESSEN

MAIK MARTSCHINKOWSKY
UNTER DEM KARDAMOND

Ich sitze in der Küche und spiele mit Gewürzbehältern und -behälterinnen. Lillith, meine Mitbewohnerin, kommt rein und schaut mir eine Zeit lang dabei zu, wie ich einige Gewürzstreuer – und -streuerinnen – hin und her schiebe.

»Was machst'n?«, fragt sie.

»Ich schreibe einen Fantasyroman«, sag ich.

Lillith nickt, schüttelt gleichzeitig den Kopf und fängt dann an, sich einen Tee zuzubereiten. Nach einer Weile dreht sie sich doch wieder um.

»Okay, sag es«, sagt sie.

»Was?«, frag ich.

»Weißt du, ich wollte dich so etwas eigentlich gar nicht mehr fragen, weil ich ahne, dass die Antwort irgendwie seltsam sein wird, aber was zur Hölle hat das mit unseren Gewürzen zu tun?«

»Na ja«, sag ich, »mir ist aufgefallen, dass Gewürznamen sich super für einen Fantasyroman eignen. Pass auf: Das hier«, ich hebe einen Streuer hoch, »ist der junge Koriander aus Curcuma, der Held unserer Geschichte. Er verlor seine Eltern bei der Schlacht von Garam Masala und wurde daraufhin von umherziehenden Galganten aufgenommen. Bei ihnen lernte er die Kunst des Safran und war auf dem besten Wege, ein mächtiger Harissa zu werden. Er liebstöckelte mit der zauberhaften Cayenne, und alles war in Butter. Doch dann fiel der finstere Drache Estragon über den Stamm her und tötete die arme Cayenne. Das verbitterte Koriander gar sehr, und er zog, auf Rache sinnend, durch die Lande Majorans.

Eines Tages erfährt er durch das Oreganakel von Cumin, dass es auch Estragon gewesen war, der seine Eltern filetierte, und dass dieser unter der Herrschaft des hinterlistigen Thymian stehe, dem eifersüchtigen Halbbruder des Vaters von Koriander, welcher von der Familie immer wie eine Pimpinelle behandelt wurde, aber nun versuchen wollte, die Weltherrschaft an sich zu reißen. Er kontrolliere den Drachen Estragon durch Kerbel, eines der mächtigen Zwillingsschwerter, welche, wenn sie beide vereint, ihren Träger unbesiegbar machen. Koriander müsse sich alsbald, und zwar ein bisschen piri piri, auf die Suche nach dem zweiten der Zwillingsschwerter begeben, dem Schwerte Dill, aus den Kräutern der Provinz, und dieses finden, bevor Thymian es täte.

Koriander schart einen Haufen treuer Gefährten und Gefährtinnen um sich, als da wären: Kalmus, ein verstoßener Muskat aus dem Hause Tandoori, Stevia, eine mächtige Hexe von den Teufelskrallen, und Ras el Hanout, ein Waldmeister aus Ysop. Zusammen erleben sie allerlei pikante Abenteuer und könnten schlussendlich die Lorbeeren süßer Rache einstreichen, wäre da nicht Anis Ajowan ...

›Unter dem Kardamond‹, eine geschmackvolle Geschichte mit der richtigen Mischung aus Schärfe und Sanftheit, mit einem exotischen Duft von Weltliteratur. – Der interessante Auftakt zur IngWar-Trilogie. – Wie findest du das?«, frag ich.

Lillith blinzelt. »Es fehlt ein bisschen Salz«, sagt sie.

DER GEWINNER BEKOMMT SIE ALLE

Es ist, soweit ich das beurteilen kann, richtig: Die härtesten Wettkämpfe finden nicht in Deutschland statt. Das »Race across America« ist brutaler als die Tour de France und führt den engagierten Amateur-Biker von San Diego an der Westcoast über 4999 Kilometer nach Atlantic City an der Ostküste der USA. Die Radler versuchen zusätzlich mit einem Minimum an Schlaf auszukommen. Einigermaßen durchtrainiert sein muss man auch für den »Badwater Ultramarathon«, der durch die Wüste des Death Valley führt. Die Strecke beträgt 217 Kilometer und die Durchschnittstemperatur circa 50 Grad Celsius.

Das Maximum, das angeblich ein menschlicher Körper aushalten kann, ist wohl derzeit der »Deca Iron Monterrey«. Innerhalb von zehn Tagen müssen in Mexiko 38 Kilometer geschwommen, 1800 Kilometer in die Pedale getreten und 422 Kilometer gerannt werden. Also zehn Tage lang jeden Tag einen gewöhnlichen Ironman absolvieren. Das Schöne ist, egal wie lange man am Tage unterwegs war, morgens um 9 Uhr geht's weiter.

Ganz zu schweigen von Wettkämpfen in Asien, wo man sich solange schubst und auf den Mund boxt, bis einer von beiden keine Lust mehr hat, wobei der Verlierer meist seiner Vitalfunktionen verlustig geht und endlich seine Götter persönlich kennenlernt.

In Berlin geht es nun weitaus gesitteter zu, soweit ich das überblicken kann. Es gibt Küchenschabenrennen und illegale Hunde- und Hahnenkämpfe. Na ja, und Hütchenspieler. Aber eine Sache gibt es noch. Als ich diese Art des Wettbewerbs zum ersten Mal gesehen hatte, zog es mich unmittelbar danach zu meinem Kumpel Lötkolben-Ecki. Dem erzählte ich von diesem Wettkampf und bat ihn, mir zu helfen. Der nahm seine fleckige Prinz-Heinrich-Mütze vom Kopf, kratzte sich an diesem, lächelte verschmitzt und nickte. Eine Woche später war es so weit. Gut präpariert betrat ich mit Ecki das *Beam me up* im Prenzlauer Berg. Alle waren sie da: Nokia-Norbert, Motorola-Mandy, Ericsson-Elvis und Samsung-Sonny. Dazu jede Menge Fans, Cracks, Nerds, Groupies und Wett-Profis. Hier im *Beam me up* wurden Handy-Rennen ausgetragen. Vermutlich weltweit einmalig. Noch. Solange es geheim blieb. Das funktionierte so: Auf einem großen Billardtisch wurden je nach Teilnehmerzahl zwei bis zehn Handys mit eingeschaltetem Vibrationsalarm nebeneinandergelegt.

Auf ein Startsignal hin wurden sie von einem anderen Handy aus angerufen. Dann setzte das große Brummen ein, und die Mobil-telefone schoben sich Richtung Ziellinie. Ich hatte mich für die Finalrunde angemeldet.

Die war zwar mit einem hohen Startgeld verbunden, aber es sprangen auch im Falle eines Gewinns um die tausend Euro raus. Dazu kamen noch die Handys der Verlierer. Es war schon alles ein bisschen bizarr. Viele der Handy-Harrys hatten sich wie Cowboys ausstaffiert oder wie FBI-Agenten. Sie trugen ihre Handys entwe-der an Pistolengürteln oder in Schnellziehhalftern unter der Ach-sel. Einige bauten ihre Zöglinge gegen die Stoppuhr mit verbun-denen Augen auseinander und zusammen. Auch darauf wurde gewettet. In einer entlegenen Ecke gab es Handy-Showdowns. Die Kombattanten standen sich gegenüber. Dann zückten sie ihre Ta-schentelefone, gaben die Nummer des Gegners ein, und bei wem es zuerst klingelte, der hatte verloren. Eine einzige Spielhölle. Es ging dem Finale entgegen. Experten warfen mit den Features der Favoriten Samsung SGH E730, Nokia 6230 und Motorola V3 Black Mamba um sich. Diese Teufelskästen beherbergten Dinge wie MP3-Player, Radio, PictBridge-Funktion, Bluetooth, Mega-pixelkameras, 100MB-Speicher, SmartphoneCelwayWindows, Rasierapparat, integrierte American-Express-Card, Video- und Audiostreaming, 65536 Farben, Instant Messaging, AAC- und M4A-Daten, Push-to-talk-Funktion, Menü-Layout in Listen- oder

Gitterform, AMR-Sprachcodec nach 3GPP-Standard, Street Racer, SpaceMahjong, Java-Spiele, General Packed Radio Service, Easysystem, animierte 3D-Menü-Symbole, XHTML-Browser, Tribandbetrieb im asiatisch-pazifischen Raum und von Erkner runter bis zum Spreewald, Open Mobile Alliances, Erreichbarkeit nach WirelessVillage-Standard, also auch in Pirna und Pasewalk, USB-Schnittstelle über Pop Port, HighSpeed Circuit-Switched Data und eine Blackbox, um nach dem Absturz eines Handys aus der Handtasche oder vom Konferenztischchen alle Flugdaten über die Unfallursachen zu haben und auswerten zu können. Die drei Spitzenreiter lagen schon an der Startlinie. Ich legte mein Handy dazu. Mein gutes altes Siemens S35. Die Menge heulte auf. Das war ungefähr so, als wolle ich mit meinem Ford Fiesta an der Formel 1 teilnehmen. Ein wohlhabender Rennstallbesitzer legte kurz vor dem Start noch ein vergoldetes, diamantbesetztes Sony Ericsson K700i auf den Tisch. Niemand gab mir eine Chance. Ich hatte Lötkolben-Ecki gebeten, auf mich zu setzen. Das gab eine hohe Außenseiterquote zusätzlich zum Preisgeld. Die Helfer wählten auf ein Zeichen des Spielleiters hin unsere Nummern. Die Handys kreischten auf. Genau wie etliche Handy-Luder, die vermutlich zu den Handybesitzern gehörten. Das Nokia tickerte als erstes los, dann folgten das Samsung und das Sony Ericsson, das Motorola bildete das Schlusslicht. Mein Siemens bewegte sich nicht vom Fleck. Die Blicke der Handy-Hautevolee sagten: »Nächstes Mal bringste dein Robotron-Handy mit, du Ossi, damit könntest du dann gleich mal das Parkett in dem Schuppen hier abschleifen.« Ecki hatte einen kleinen Verzögerungseffekt eingebaut, der den Vibrationsvorschub langsam, ganz langsam verstärkte. Als die anderen Handys die Mittellinie überkrochen hatten, war der Raum plötzlich von einem gefährlichen Dröhnen erfüllt. Rrrrrruwwww-wwwwwt. Rrrrrrrruuuuuuuuuwwwwwwwt.
Brüllend wie ein heiserer Frosch schob sich »Zatopek«, so hieß mein Siemens S35, in 10cm-Schüben an die Spitze. Es zog unter dem enttäuschten Stöhnen der Zuschauer an allen anderen Handys, dabei diese brutal rammend, vorbei und erreichte mit einem

heftigen Rums die gold gestrichene Bande des Billardtisches, die gleichzeitig die Ziellinie darstellte. Lötkolben-Ecki ging zum Buchmacher, um abzukassieren, ich sackte die Handys und das Preisgeld ein. Eine Stille, in der man auch den Vibrationsalarm des Schließmuskels von Sabine Christiansen gehört hätte, erfüllte den Raum. Dann sprang ich auf den Tisch und fragte in die wütende Menge, die ihre blutunterlaufenen Augen schockiert auf mich gerichtet hielt: »Wollt ihr wissen, weshalb mein Taschentelefon gewonnen hat und nicht eure überzüchteten Schwuchteltelefone?«

»Los, spuck's schon aus!«, knurrte Nokia-Norbert und machte eine auffordernde Kopfbewegung in meine Richtung.

»Ich habe gewonnen, weil man mit meinem Telefon normalerweise nur telefonieren kann, und deshalb fand mein Kumpel Lötkolben-Ecki noch genügend Platz! Platz nämlich für einen aerodynamischen Display-Optimierer, einen Floppyslot, eine Executable Makro-Inbox, einen omnipräsenten Konnotationsmarker mit Scriptkiddie-Slangvertuscher, zwei gegenläufige Kompaktkommunikatoren, einen Doppelcheck-Treiber, ein obsessionsfokussiertes BigBluFF-Feature, einen Pitch-Shifter, eine rapidvertickelnde Endlosschleife, ein windkanaloptimiertes Downhillgehäuse mit angalvanisiertem Crossfader, einen Echtzeitgamer mit Feedbacklasche und Double-Action-Indikator.

Um die Geschwindigkeit zu optimieren, bekam das Gerät einen netzunabhängigen Chillout-Reflektor, einen Masterloop-Accomodator, einen HookLineFreezer, einen Groundcontrol-Koordinator, einen Highenergy-Equalizer, einen Distorsionsreminder, eine Frequenzweiche zwischen RevertEffektor, FlangerRanger, Jumper, Squeezer und Frontsitebus.

Um das Monoboard im Mikroprozessor zu übertakten, wurde ein Kühlaggregat, ein RAM-gedownter WateStater und ein thermogesteuerter Transrapid-Transistor implantiert. Die Cable-Komponente wurde vervierfacht, ein Speichermultiplikator installiert und mit einem PioneerPostproductionPinokel gesichert. Dazu kamen ein AntiHangover-Tempomat, ein NanoMultimedia-Receiver, ein antifaschistischer Wutausbruch-Disclaimer, ein Law-AndOrder FCKW-Absorber, ein MimikryMolekularModul mit Mollusken-MoveModus, ein tiefergelegter, getunter PowerTo-werStick, ein heckgetriebener Schubschüttler mit switch-con-trolltem Overdrive-Assistant. Um den ungestörten Geradeauslauf zu ermöglichen, integrierte Ecki einen Bullshit-Indikator, einen Navigationstoaster, einen steinlausresistenten Pschyrembel-Protektor, einen illuminierten Feng-Shui-Blickfangblogger, eine handgeschnitzte Christopherus-Plakette direkt hinter der C-Säule, einen EloquenzScatter, ein innenliegendes Daumenkino, das Konrad Zuse und Thomas Edison beim Badminton auf dem World Trade Center zeigt, einen perforierten, semipermeablen Rückstaufilter zur Einhaltung des Deutschen Reinheitsgebotes von 1516, einen InterfaceOrbiter und einen Skipping SkyperHy-per. Für die Traktionskontrolle und die optimale Bodenhaftung bei hohen Geschwindigkeiten sorgen ein ornithologischer Ost-wind-Oszillograf, ein tera-terrestrischer SpaceSmasher, ein Ro-ckefellerRocket-RodeoRouter, ein Scarface-Editor, ein pränatales MotherboardUltraschallJayPic im StandbyModus, ein anatolischer Arier-Assessment-Advocator, ein GoogleVoodooZoomBooster, ein HotButton zur seitlichen Stabilisierung des BorderlineLimiters und ein zwölffach gebrannter Rollercoaster mit reichsbahnrelais-artigem PowerAmplifire.

Und jetzt noch das Finish. Wollt ihr wissen, woraus das Finish besteht? Ja, ihr wollt es wissen. Das Finish besteht aus einem heli-xierenden Breitband-Flexer, zwei entkoppelten Endstufen, einem insulingespeisten ImpulsInputter, einer antispastischen Spaß-bremse, einem Oxygeniumfluter, einem selbstladenden Rattle-snake-Crasher, einem Bashing-Modul mit Flashtrasher, einem surrealistischen Subwoofer, einem randomisierten Infrarot-High-pitcher, einem crossover-affinen FlicFlac-TimeOutTeaser, einem dreifach keycode-gesteuerten Speedstarter, einer ungeraden Zahl unversteuerter Lockbits, einem wiedereingesourcten Differential-Challenger mit achtfachem invisible JetstreamPilot.

Und natürlich einem virtuellen Excentermotor mit sechspoligem

Batteriekabel, silikonversiegelter Topspeedplatine mit 8Bit- Risc-Processor, 4x8-IO-Pins und 8KB-FlashBeeper. Das war's, meine Damen und Herren.

Das war's. Ach so, für die Startverzögerung zur Steigerung Ihrer Häme und Schadenfreude am Anfang sorgte der russische Neigungssensor aus einer MIG 29, ein negativbooting-resistentes Atmel-Developer-Board, ein unauslesbarer Assembler-Code, ein Scramble-Code für Rotate-und-shift-Befehle, ein commandline-Tool modifizierter Bpm-Counter, eine eigene Backdoor im Source-Code, ein Sequenzen-Ondulierer, eine monopolisierte MidiMatrix und ein abgefeimter SerialSniffer im investigativen AbsorberPool. Ach, und im Übrigen kann mein Handy auch noch telefonieren, Sie gestatten, dass ich ein Taxi rufe, man erwartet mich.«

Ich tätigte den Anruf, zahlte das gewonnene Preisgeld in den Electronic-Cash-Automaten an der Unterseite des Gehäuses ein und ließ »Zatopek« schließlich verschwinden im integrierten Flightcase, auf dem in pinkfarbenen Leuchtbuchstaben der kategorische Imperativ der Post-Postmoderne flackackerte: RUFRUF MICHMICH ANAN!

PHILIPP SCHARRI
VON DEM VERB, DAS EIN NOMEN SEIN WOLLTE

Ein Verb war in der Pubertät,
In der's wohl keinem super geht,
Und kam mit keinem Zentimeter
Seiner Verb-Identität klar:

»Ach, was all die Verben treiben –
Kaum sind sie im Imperfekt,
Lassen sie sich nieder ... schreiben.
Wo ist da der Sinn versteckt?

Nehmt mir das Geplärr nicht krumm,
Doch komm ich ins Präteritum,
Dann werd ich schwach und lauf danach
Im Perfekt nur mit Hilfsverb rum!

Verbsein ist zwar schön im Präsens,
Doch die Stunden geh'n im Nu fort,
Und im Grunde meines Wesens
Bin ich überhaupt kein Tu-Wort.

Nein, aus tiefstem Silbenkern
Wünschte ich mir still, ich wär'n
Nomen, hätt' unendlich Zeit
Und statt Person Persönlichkeit ...«

Also ließ es, was nicht klug war,
Heimlich bei 'nem alten Drucker
Mit verbeulten Kupferblechen
Sich 'nen Großbuchstaben stechen ...

Als es eines schönen Syntax
Fröhlich futternd an der Eltern
Tafel saß, rief Muttern: »Kind, sag's
Ehrlich, was ist los, was fällt an?«

»Nichts«, so sprach's und fing kokett an,
Seine Lettern zu entblättern,
»Nur, dass mir vorm Verbsein graute
Und ich mich als Nomen oute!«

Was die Mutter schlecht verdaute
Und ihr echt den Tag versaute:
»Großer Goethe, das ist herb!
Kind, so sei ein starkes Verb«,

So rief sie aus und schaute groß,
»Was denken sonst die Laute bloß?!« –
»Ey, Mama, checkst du's mal? Es geht
Um *meine* Textualität!«

Der Vater – Personalpronomen
Dort am Hof des Paragrafen –
Machte, da er dies vernommen,
Einen Satz, und zwar 'n scharfen:

»Jetzt ist aber Sense, Süße!
Setzt du deine Gänsefüße
Unter meinen Tisch, sei artig –
Halte dich an die Grammatik!«

»Nein! Und würd's dir noch so passen,
Ich werd mich nie beugen ... lassen!«
»Du gehörst in eine Zelle –
Ab in die Excel-Tabelle!«,

Schrie der Vater, wahnsinnstriefend:
»Wirst schon seh'n, du findest dich
Bald wieder bei den transitiven
Transen – auf dem Bindestrich!«

Er trieb das Verb zum Tor des Satzbaus
Auf den Allgemeinplatz raus:
»Obwohl ich ja so manches bill'ge –
Du fliegst aus der Sprachfamilie!«

Wie's da stand im Wortgewand,
Wie ein Schimpfwort fort verbannt,
Verlor's zum Leben jede Lust:
»Ich stürz mich in den Redefluss!«

Sofort verschwand's und seufzte soft,
Doch eh's versank samt Stamm und Endung,
Nahm das Leben wie so oft
Ganz unverhofft 'ne Redewendung ...

Weil ein Anglizismus sich dort,
Angelnd nach so manchem Stichwort,
Auf des Landes Zunge fläzte –
Der verstand es und versetzte:

»Ich war selbst ein Nomen mal.
Du denkst, das sei phänomenal?
Bei Kasus, Genus, Numerus
Ist längst nicht mit dem Kummer Schluss!

Doch weiß ich einen Ort, allein
Dort kannst du jede Wortart sein.
Da, wo man jeden Zwang vergisst
Und dich nach Klang und Versmaß misst:

In den Tropen, wo Honig und Met rumfließen,
Wo Stilblüten zwischen den Kiefern sprießen,
Retourkutschen über die Wortfelder fahren
Und Reime sich zärtlich umarmen und paaren ...

Wo Textquellen schwellen zu murmelnden Bächen,
Novellen sich schillernd an Zungen brechen,
Auf denen Pointen schwimmen und schnattern,
Darüber geflügelte Worte flattern ...

Wo nackte Fakten zum Sprechakt posieren,
Wo Lautmaler auf ihre Einwände schmieren,
Wo Ratschläge Rad schlagen, Sprechpausen schweigen,
Und Kraftausdrücke Majuskeln zeigen ...

Wo Heldenepen zum Wortgefecht rüsten,
Parolen mit ihren Zitaten sich brüsten,
Wo Chor um Chor sein Revolverblatt zückt
Und beim Donner des Kanons zur Sprachgrenze rückt ...

Wo der Thesaurus den Wortschatz bewacht,
Der Umbruch manch reiß'rischen Absatz macht
Und zur Strophe die Tonleiter stürmt, *Do-Re-Mi* –
Und dieses Land heißt Poesie ...

Das Verb kam schleunigst zur Besinnung.
Seine Adverbialbestimmung
War ihm jetzt natürlich klar:
Praktikum beim Lyriker!

Der machte ohne Kommentar
Seinen Traum vom Nomen wahr
Und widmet ihm nun dies Gedicht.
Und die Moral von der Geschicht':

Beachte wohl beim Sprachenspiele:
Auch die Worte haben Gefühle ...

www.slamfibel.de/titel7.mp3

BAS BÖTTCHER
DIE VERKUPPELTEN WÖRTER

Man kennt sie vom Hörensagen und Sagenhören
– die Wort-Wort-Kombinatorik
Zwei Sinneinheiten zu einer verquickt

Der Wortbaukasten ist einfach wie LEGO
Ein Satzbaubausatz effektiv wie Steno
Ich bau verkuppelte, gekoppelte, angedockte und gedoppelte Wörter

Menschen – traube
Daumen – schraube
Lach – wurst
Wissens – durst

Untoppbare Notizblockklopper
Huckepacktermini, Sprachdoppelwhopper
Manche passen zusammen wie Yin und Yang
Stimme, Gesang, Sinn und Klang
Wie Schälte und Ärger
wie Leutheusser und Schnarrenberger

Unzertrennlich die
Verbindung unvergänglich wie
zersägte Damen beim Zauberer
Däubler Gmelin Kramp Karrenbauer

Manche umkehrbar
wie Kissenschlacht Schlachtkissen
wie Wissenschaft Schaftwissen

Zuckerschnecke Schneckenzucker
Knusperecke Eckenknusper
wie Tagtraum Traumtag
wie Schlagschaum Schaumschlag
Kranzlerkaffee Kaffeekranz
Glanzidee Ideenglanz

Die verkuppelten, gekoppelten, angedockten und
verdoppelten Wörter

Manche Paarung ist langweiliger als Fastenzeit und Trennkost
die Kombination absehbar wie Timberlake und Fanpost
Bei anderen die Mischung explosiv wie Cola light und Mentos
Die Kreuzung fatal wie Mafiajäger und Clanboss

So wird der Wortkoitus kurios:
Aus Wollust wird Lustwolle
Aus Rollmops wird Mopsrolle
Aus Spieltrieb wird Triebspiel
Aus Stilblüte wird Blütenstiel

Durch die verkuppelten, gekoppelten, angedockten und verdoppelten Wörter

Da wird aus *Ober* plus *Affe* Direktor
Da werden *Katzen* durch *Auge* Reflektor
Der *Fuchs* wird durch *Schwanz* eine Säge
Der *Tiger* durch *Balm* eine Creme
Es wird *Vater* durch *unser* Gebet
und *Sonnen* werden durch *Bank* ein Gerät
Es wird *Vogel* durch *frei* eine Strafe
Und *Brenner* plus *Pass* eine Straße
Das *Ass* wird durch *best* was Schlechtes
Geschichten durch *Erzähler* was Echtes

Durch die verkuppelten, gekoppelten, angedockten und verdoppelten Wörter

Jetzt auch als Konzentrat:

Blockschokolade in Kurzform Blockade
Der Schweinehund wird Schwund
Und Schlüsselbund wird Schlund
Studentenjob wird Stop
Der Snackshop Snob
Der Flashmob wird Flop

Durch die verkuppelten, gekoppelten, angedockten und verdoppelten Wörter

Knusperhaus – Perhaus-Knuss
Schluss-Applaus – Applaus-Schluss.

Diesen Text anhören:
www.slamfibel.de/titel8.mp3

PHILIPP HEROLD
DAS SPIEL

ich hab mich lange gefragt, wie andere ihren spaß finden an
miniatureisenbahnen, quantenphysik oder dem voltigieren. doch
irgendwann ist mir klar geworden:
der eine spielt herum beim malen
der andere beim sport
der nächste wiederum mit zahlen
und mancher mit dem wort

ich spiel mit metaphern buchstaben und reimfetzen
mag sie eben liebend gern in meinen texten einsetzen
achte auf die wortwahl und betone weich beim rappen
manche sagen sogar die mündliche note gleicht »eins – setzen!«
andere wiederum mögen es nicht einschätzen
doch für mich liegt ausdrucksstärke und poesie
versteckt in ein paar kleinen sätzen
und wenn ich worte einwechsle für das was raus muss
dann bring ich wie im copyshop gedanken zum ausdruck
und aus druck den ich mir selbst mach
werden texte spiegelbilder meiner selbst und der gesellschaft

doch worum es wirklich geht ist
1. die ewig bewegliche metrik

in sätzen auf seiten. weise. reihenweise. zeilen. kleine zeichen.
feine reime. zeigen. reisen meilen steine. vom freien schreiben.
ich meine
kleinkinder spielen mit lego und playmo
ich lieber mit textbausteinen

während andere geschichten von gestern vergessen
will ich welche im hier und jetzt aufschreiben
und auch ohne punkt komma strich setz ich zeichen
wenn ich bilderbuchbände mit stiften in sätzen zeichne

denn poesie
die beschert buchstaben bilder
die nicht jahrelang in irgendwelchen schubladen wildern
und feuchte gebiete oder blutlachen schildern
oft sitzen wir nächtelang am schreibtisch
kritzeln kryptisch viel zu durchdachte zeilen in kleinschrift
texten wie besessen fesseln poesie aufs blatt
weil leben lieben lyrik nun mal poetry ausmacht

hier können alliterationen anschmiegsam aneinandergekoppelt sein
und zeilen sich geschmeidig vereinen zum doppelreim
denn poesie die macht uns manchmal mucksmäuschenstill
oder eben manchmal auch fuchsteufelswild

doch worum es dabei wirklich geht ist
1. die ewig bewegliche metrik
und 2. die physik und mystik der lyrik

denn manchmal spielt es. wie musik bis. es mir beliebt es.
mich wie ein beat trifft. der mehr so deep ist. etwas vertieftes.
in einer welt voller yin und yang, euphrat und tigris.

wie worte wirken kann man sich nur im kopf ausmalen
und doch besteht die fantasie heutzutage viel zu oft aus zahlen
10010110101100100110001010101011
manche spielen in oder an computern herum
ich will in worten mein eigenes netz ausbreiten
während andere geschichten von tschernobyl vergessen
achte ich beim reimen auf metrische restlaufzeiten.
und auch ohne punkt komma strich setz ich zeichen
wenn ich bilderbuchbände mit stiften in sätzen zeichne

denn poesie
die verleiht worten flügel in die sie mystisch schlüpfen
sich dann schwebend auf wege begebend in lyriklüften
und da oben erwecke ich meine müden blicke
verleihe meinen füßen tritte
durchwandere wortwelten wie ein wiesenmeer
aus dem ich blüten pflücke

denn mal ehrlich: wer weiß schon was morgen bleibt?
heut wohl nur das jetzt und hier
und das ist eben gedankengut
ausführlich extrahiert auf meinem textpapier

bis mir immer wieder klar wird was für mich wirklich zählt:
menschen mit worten bewegen
und doch sollt ihr nicht aufstehen – rausgehen
euch an andere orte begeben – nein
weil ich sehe wie man damit spielen kann
will ich ohren beleben und gedanken anregen
bis sich in köpfen zahnräder drehen und schranken anheben
sich fantasiewelten bilden
und sinne tanzen im regen des redens

denn um folgende drei punkte geht es
1. die ewig bewegliche metrik
2. die physik und mystik der lyrik
und 3. das wo und wie
das so wie nie der poesie

und wenn der text nun gleich vorbei ist
denkt sich der ein oder die andere vielleicht:
»mmm ... ja ... schöner text ... aber aussage hat er jetzt nicht viel!«
dann würde ich wohl entgegnen: tja ist ja auch poesie –
eben nur ein spiel

www.slamfibel.de/titel9.mp3

NOAH KLAUS
DAS WUNDER DER SPRACHE

Schon lange besingen die Dichter das Wunder der Sprache. Auch ich habe einen solchen Text geschrieben, und er trägt einen wunderbar poetischen Titel.

Was wäre der Mensch nur ohne Zunge,
Die in Zusammenarbeit mit der Lunge
Uns're ganze Wörterpracht
Überhaupt erst möglich macht?
Doch damit ist es noch nicht getan,
Hinzu kommt noch ein andres Organ.
Den Stimmbändern sollten wir hier auch gedenken,
Die verantwortungsvoll die Luftströme lenken.
Erst im Verbunde von diesen dreien
Können die Wörter prächtig gedeihen.
Und als Ergebnis der Trinität
Erstrahlt der Sprechakt in Pluralität.

Ich kann ganz deutlich reden und sprechen,
Aber genauso gut stammeln und radebrechen.
Kann plaudern und plappern und schwadronieren,
Kann labern und quatschen und fabulieren,
Kann brüllen und keifen und schreien und kreischen,
Um etwas Aufmerksamkeit zu erheischen,
Kann flüstern und säuseln und faseln und nuscheln,
Kann grummeln und schwatzen und haspeln und tuscheln,
Kann lallen und singen und winseln und brabbeln,
Kann schwafeln und rufen und quengeln und sabbeln.

So lässt sich die Stimme modulieren,
Doch auch der Sinn kann variieren.
Und was das gesprochene Wort berichtet,
Ist der Wahrheit nicht verpflichtet.
Da hilft kein Bitten und kein Rügen,
Die Menschen werden ewig lügen.

Lügen ... Ich lüge nie! Ich bleibe stets bei der Wahrheit, nur ... bei einer etwas ... verklausulierten Wahrheit. Ein Beispiel: Wenn mich eine Frau fragt, warum ich ihr auf die Brüste starre, dann müsste ich ihr wahrheitsgemäß antworten, dass ich ihre Brüste geil finde und aus diesem Grunde gerne mit ihr vögeln würde. Stattdessen aber antworte ich: »Der Anblick Ihres peripheren Drüsengewebes im Bereich des oberen Thorax erzeugt libidinöse Wallungen in meinen Testikeln, was wiederum den Wunsch generiert, mit Ihnen zu koitieren.« Geschminkte Wahrheit klingt besser als die profane Lüge. Und auch wenn ich meistens nur müde belächelt werde; einmal hat eine junge Dame immerhin erwidert, dass eine potenzielle Kopulation denkbar, doch meine phallische Ausstattung etwas unzureichend sei.

Oder wenn mich meine Mutter fragt, ob ich nicht Lust hätte, am Freitag in die Oper zu gehen, dann müsste ich ihr sagen, dass ich lieber saufen gehen und Drogen nehmen will. Das aber wäre zu hart für sie ... So sage ich: »Liebend gern, doch am Freitag muss ich leider ethanolhaltige Liquide und psychoaktive Substanzen in entsprechenden Etablissements konsumieren.« Sie fragt dann immer, ob ich schon wieder an meinem Chemie-Experiment für die Uni arbeite.

Doch Lügen steht in einem besseren Licht,
Verwendet man nur das Wort »lügen« nicht
Und sagt stattdessen »fantasieren«,
Um die Fiktion zu illustrieren.
Der findige Geist verleiht der Geschicht'
Mit seiner Fantasie noch mehr Gewicht

Und passt sie folglich dergestalt an,
Dass der Hörer noch was lernen kann.
Wenn Sprache nämlich in Kunst sich kleidet,
Wenn Schönheit von Funktion sich scheidet,
Dann hat Sprache ihren Platz gefunden,
Und alles Profane scheint verschwunden.
Doch wer sie benutzt als Instrument,
Ist ihr ärgster Kontrahent:
Im Dienste stehen so manche Sätze
Von schlimmster Demagogenhetze.
Mit Sprache finden Diktatoren
Zugang zu der Menschen Ohren.
Und wird im Kampf die Faust geballt,
Gehört zur physischen Gewalt
Auch stets verbale Aggression,
Beleidigung und Spott und Hohn.

Beleidigen ... Die meisten Beleidigungen sind ja sehr simpel ge-
strickt: Sie zielen darauf ab, dem Beleidigten seine Menschlich-
keit, Männlichkeit, Ehre oder Gesundheit abzusprechen. Doch
vor Kurzem habe ich eine herausstechende Beleidigung vernommen.
Ein betrunkener Mann pöbelte mich an, weil ich den Boden blöd
angeguckt hatte, auf dem seine Freundin gelaufen war. Ich antwortete: »Obacht, kecker Geselle, die Scholle des Landes, auf der
Ihre holde Maid zu wandeln geruhte, ist keiner Gemütsregung
fähig, insofern können Sie mein Gesäß mit Ihrer Zunge tangie-
ren.«
Der Mann meinte, ich solle gefälligst seine Mutter aus dem Spiel
lassen. Und dann kam es, er sagte: »Ich vergewaltige deine Seele!« Das war der verbale Schlag ins Gesicht! Er hatte eine Grenze
übertreten! Ich musste kontern und schrie:
»Ja, klar! Aber stell dich hinten an ... Was denkst du dir eigentlich?
Ich bin im Deutschland der Jahrtausendwende aufgewachsen.
Meine Seele macht jeden Tag die Beine breit! Als sie erst neun

Jahre alt war, da ist schon Dieter Bohlen drübergestiegen, danach kamen SpongeBob, die Bild-Redakteure und Mario Barth ...« Der Mann wollte meine Seele nun nicht mehr vergewaltigen.

Entsetzen erfasst mich jedes Mal,
Wenn ich sehe, wie brutal
Die Menschen ihre Worte behandeln,
Wie sie ihren Sinn verschandeln.
Die Begriffe, die mein Kopf enthält,
Begrenzen schließlich meine Welt.
Und obwohl Wörter nur aus Luft bestehen,
Die in der Luft auch wieder schnell verwehen,
So haben sie uns doch Kultur gebracht
Und sind das, was aus uns Menschen macht.

4.
LINGUALIEBELEI

BAS BÖTTCHER
DIE MACHT DER SPRACHE

Und lerne ich eine Sprache neu kennen
dann lehrt mich die Sprache, mich neu zu kennen

Das macht die Sprache – die Macht der Sprache

Und glaube ich, ich beherrsche meine Sprache
beherrscht womöglich meine Sprache mich

Das macht die Sprache – die Macht der Sprache

Und denke ich, ich spiele mit meiner Sprache
dann spielt noch viel mehr meine Sprache mit mir

Das macht die Sprache – die Macht der Sprache

Und erweitere ich meine sprachlichen Möglichkeiten
dann erweitert die Sprache meine Möglichkeiten

Das macht die Sprache – die Macht der Sprache

Und wenn ich meine Sprache verkommen lasse
dann lässt meine Sprache mich verkommen

Das macht die auch – die Macht der Sprache

Und liebe ich meine Sprache
dann liebt ganz sicherlich die Sprache mich

Das macht die Sprache – die Macht der Sprache

Und wenn ich denke, ich spreche jetzt hier über die Sprache
dann spricht die Sprache eigentlich viel mehr noch über mich

Das macht die Sprache – ich kenn die doch!

SAMUEL KRAMER
WUNDERBLIND

In finstren, feuchten Rachen-Räumen,
zwischen Luftröhre und Zungenbein,
wo Plosive auf Schallwellen surfen,
vorbei an Zahnklippen, durch Gehörkanäle,
wo sie Ohrtunnel fluten und als Stromschnellen weiterreisen,
wo sie knisternd, spritzend die Nervenpools füllen,
welche den Wellen Lexeme entnehmen,
eine Botschaft aus Tonsteinen bauen, mit Kontext-Zement.

In finstren, feuchten Lektor-Träumen,
in denen Times-New-Roman-Lettern
auf die Rücken alter Bücher klettern,
um, sich in die Tiefe stürzend,
im Fall Wörter wie »Semantik« zu bilden,
mit einem »g« am Ende.

In Federkielen, in Fingerspitzen,
aus denen Tintenfunken spritzen,
in spinnumwebten Manuskripten,
in zaghaft leisem Nachtgeflüster,
auf grellen, hippen Posterwänden,
in bodenlos kitschigen Lyrikbänden,
in vergessenen Tagebüchern,
wo das ist, was man »Sprache« nennt.

Dort stehen im Verborgenen,
die Hütten, Städte und Paläste,
die Wälder, Flüsse, Ozeane,

die Berge eines unsichtbaren Lands.
Ich könnte Wortreich jetzt beschreiben,
aber lasst mich bloß sagen: Es ist sehr schön dort.

Wenn ich gut drauf bin, finde ich dort einen Bogen Papier, mit dem
ich einen Satz Pfeile über unbegrenzte Entfernungen verschießen
und so meine Freude teilen kann.
Finde ich dort Freunde, die nie gelebt haben, in Welten, die der
Wirklichkeit auf die Schulter tippen, um ihr eine Torte ins Gesicht
zu kleben, wenn sie sich umdreht.

Und wenn ich mal gar nicht gut drauf bin,
so gar nicht gut drauf bin,
finde ich dort einen tragischen Helden,
der noch viel tiefer in der Scheiße steckt als ich.
Finde ich dort ein strohdummes Wörtchen, das ich mit der Verspre-
chung, ihm bei der Aufnahmeprüfung für den Duden zu helfen, in
meinen stahlblauen Van locke, wo ich ihm auf einem schmutzigen
Scrabble-Spielplan quälend langsam die Prä- und Suffixe abschnei-
de, um dann »Zungenbrecher« und andere geschmacklose Wortspiele zu spielen.
Dann geht es mir meistens schon ein bisschen besser.

Doch früher fand ich mich auch oft verloren.
Verloren in schlecht beleuchteten Gassen,
deren Straßenschilder ich nicht entziffern konnte.
Mit fremdartigen Bewohnern,
vor deren Augen schwere Schlösser aus Zeit hingen.

Wenn aus einem toten Winkel plötzlich Wortungeheuer sprangen
und mich so erschreckten, dass ich den roten Faden fallen ließ,
meine Augen vor Angst nur noch blind von Absatz zu Absatz hetzten,
wenn ich das Leid, das mir aus dem Blick eines falsch benutzten,
mit klaffenden Rechtschreibwunden übersäten Terminus entge-
genschrie,

nicht mehr ertragen konnte, war ich oft versucht,
Bücher auf ihre aerodynamischen Qualitäten hin zu untersuchen,
indem ich sie weit von mir werfe,
überhaupt ein Printmedienlagerfeuer zu entzünden
und über den Flammen den Schwur zu leisten,
mein Leben
von nun an
in seliger Sprachlosigkeit zu verbringen.

Stattdessen ergriff ich in solchen Momenten die Initiative.
Ich schrieb
ein Handbuch über die Zähmung und artgerechte Haltung von
Fremdwortbiestern.
Ich reimte
mir aus rostigen Satzteilen einen Spurhalteassistenten
für die endlosen Kurven
hypotaktischer Serpentinen zusammen.
Ich lernte
Überlebensstrategien für die trügerischen Sümpfe und tödlichen
Wüsten der epischen Fiktion
und erschlug den Enzyklop
mit einem Buchenstab.

Und wenn mich meine Reisen eines gelehrt haben, dann dies:

In hellen, warmen Zaubergärten,
wandeln auf faden Graden, toten Pfaden,
auf Wegen, die einst Flammen zierten,
Gestalten, die der Sprache mächtig,
doch für ihre Wunder blind.

PIERRE JARAWAN
VON DER SCHÖNHEIT DER SPRACHE

Mein Großvater hat mein Leben nachhaltig beeinflusst. Denn er zeigte mir, wie sehr man Sprache und die Bilder, die sie malt, lieben kann.

Meine Eltern nahmen ihm das zeitlebens übel:

Denn Bücher, so zeigte sich schon bald, hatten auf mich eine, sagen wir, »verheerende« Wirkung.

Als ich fünf war, hatte ich bereits drei Bücher vollständig gelesen: 1. Christiane Hansens zeitloses Meisterwerk »Bist du meine Mama?« 2. »Zebra, Maus und Kuh – müde bist auch du!« und 3. »Krieg und Frieden«. Das war das Problem: Ich las einfach alles, was mir zwischen die Finger kam – mit erstaunlichem Effekt:

Wenn meine Eltern mich aufforderten, mein Zimmer aufzuräumen, deutete ich erstaunt in das Chaos und fragte, ob sie denn nicht wüssten, dass diese Unordnung, die sie da zu sehen glaubten, nach Kants Erkenntnistheorie in der Wirklichkeit zwar durchaus eine Entsprechung habe, ihre Existenz also gewiss, ihre Erkenntnis jedoch unmöglich sei, weshalb man erst mal argumentativ belegen müsse, ob sich in dieser, gut, nennen wir es »chaotischen Anordnung der Dinge« nicht vielleicht eine tiefere Ordnung mit festgelegter Struktur, ganz nach den kosmischen Regeln des Universums, verbarg, kurz: Ich räumte mein Zimmer nie auf!

Schnell verliebte ich mich in diese Form der Sprache, mit der man selbst Erwachsene beeindrucken konnte – einfach indem man Wörter verwendete, die keiner verstand.

Ihr könnt euch sicher vorstellen, dass mich diese Art zu sprechen unter Gleichaltrigen langsam isolierte. Irgendwann wurde es Winter, und die Erfahrungen, die man auf dem Weg zum Erwachsenwerden macht, flogen mir auf dem Schulhof in Form von Schneebällen klirrend kalt um die kindlich roten Ohren.

Ich war stets darauf bedacht, mich aus Konflikten herauszuhalten, doch das ist schwer, wenn man isoliert und der Welt sprachlich so entrückt ist. Sätze wie: »Jonathan, wer im Glashaus sitzt, sollte nicht mit Steinen werfen!«, fielen mir nie ein, stattdessen hob ich immer mahnend den Finger und sagte: »Jonathan, du weißt, Populanten von transparenten Domizilen sollten mit fester Materie keine transzendenten ballistischen Bewegungen durchführen«, und meistens war ich es dann, der sich vor Schneebällen duckte.

Einzig mein Großvater bot mir in seiner altväterlichen Großmütigkeit einen Hort der Geborgenheit, dem ich mich oft zuwandte. Mit ihm philosophierte ich oft nächtelang darüber, ob gerade in diesem Augenblick an irgendeiner Stelle auf dem Mars zwei Wesen, die exakt aussahen wie wir, darüber spekulierten, ob in exakt diesem Augenblick auf der Erde zwei Menschen, die exakt aussahen wie sie, darüber spekulierten, ob man sich auf dem Mars je gefragt hat, ob man morgens Elmex oder Aronal benutzt und ob da vielleicht beide Tuben rot sind, wegen *Roter Planet* und so – mein Großvater war schon ein Teufelskerl!

So spann der Webstuhl der Gezeiten einen Teppich aus Jahren an mir vorbei, und wer weiß, in welch Robinson Crusoescher Isolation ich heute umherstreifen würde, gäbe es heute keine seltsame Spezies, die noch codierter spricht, als ich es damals tat: Teenager! Die Aussage vieler älterer Menschen, die Sprache der Jugend sei verkommen und inhaltslos, die teile ich keineswegs. Nehme man doch nur den Satz: »Deine Mutter zieht Katapulte nach Mordor!« Das ist keine Beleidigung: Mordor, das steht als düsteres Symbol für das Unheil und das Böse in der Welt. Doch der Satz impliziert ja keineswegs, dass die Mutter dort hingeht, weil sie auf der Seite Mordors steht. Vielmehr versinnbildlicht doch die Aussage den matriarchalischen Urinstinkt einer jeden Mutter, Unheil von der Familie abzuwenden, notfalls unter der Aufbringung größter körperlicher Anstrengung. Ich meine: Zieht ihr mal ein Katapult!

Sprache, das habe ich gelernt, muss nicht komplex sein und nicht inhaltsreich und klug, um Wahrheit zu vermitteln. Sprache zu dekonstruieren, das bedeutet doch, der Welt den Zauber und ihr das Gesicht zu nehmen, denn man sieht nicht mehr, welche Schönheit in den Falten liegt, wenn man nur noch wissen will, wie rein die Haut darunter aussieht.

Ich wünschte, ich hätte das früher gemerkt. Wie gerne hätte ich ein Mädchen an die Hand genommen und ihr einfach nur gesagt: »Du, du bist schön!«

Wie gerne hätte ich herumgedruckst und gesagt: »Es stört mich nicht, dass du Akne hast und dass dein Gesicht so zerklüftet aussieht wie das afghanische Hochland, ich finde jeden Millimeter deiner Haut schön, besonders die geröteten Stellen, denn sie erinnern mich in ihrer Farbe an bereits erkaltende Lava, und ich weiß nicht, ob du das weißt, aber so was gibt es nur ganz selten, das heißt, DU, du bist ein Naturereignis, etwas Seltenes, Besonderes und Schönes, für mich bist du Poesie!«

Ich weiß, das klingt unbeholfen, und es gibt wahrscheinlich nur wenige Frauen, die so was tatsächlich hören wollen, aber es liegt die Schönheit der Ehrlichkeit darin und die Reinheit des Unüberlegten und Grobformulierten, ein Glanz, den man unter einer Schicht von Fremdwörtern und Oberflächlichkeit sonst nur ganz, ganz selten sieht.

Sprache, das habe ich gelernt, kann in ihrer Einfachheit begeistern, wenn man sie nur ernst meint.

ILKA HAEDERLE
SOMMER

Im Sommer klaub ich meine Worte von der Goldwaage und schlepp sie in die Hängematte. Doch sie werden nicht leicht. Wie zu Anfang, als alles begann. Als sie noch fremd waren in der Welt. Als sie noch staunten über das Blau des Himmels. Und den Kirschmund, den lachenden, und den Schatten auf Grashalmen. Meine Worte, nie wieder waren sie so stirnfaltenfrei und ohne Hintergedanken.

Meine Worte sind schal geworden und räkeln sich träge. Ihr Atem geht schwer, und der Augenblick gerinnt. Der Swimmingpool stinkt nach Chlor, der Wind schweigt. Schmutziger Sand rieselt durch ihre Adern, sie schrecken auf, wenn ein raupenzerfressenes Blatt auf ihre Brust sinkt. Haben Angst, durch die Maschen zu fallen, auf der Erde zu landen, zermalmt zu werden von achtlosen Mündern. Hüten sich, laut zu sprechen, doch im Traum knirschen sie verzweifelt mit den Zähnen.

Meine Worte sehnen sich nach Meer. Worte und Meere, wie sehr sie sich gleichen. Dieselben Wellen brechen, dieselben Schaumkronen reiten. Sie verlangen nach kirschroten Mündern und unschuldigen Wölkchen, die von allein weiterziehen. Das Schwere hinter sich lassen, den Versprechungen der Hängemattenkonzerne misstrauen.

Da schlägt der Blitz ein, meine Worte zucken zusammen. Raffen sich endlich auf, Füße gehorchen dem Sog. Jetzt kann sie keiner mehr aufhalten. Weiter, weiter, ja nicht stehen bleiben. Schon liegt Salzgeruch in der Luft. Das enge Herz weitet sich, Augen flimmern in der Mittagshitze über staubigen Straßen. Da! Am Horizont sprühend die Gischt. Wundertüte Ozean, sommerleichte Wiege der ersten Jahre. Die letzten Meter sind Schmetterlingsflug, und dann tauchen sie ein, meine Worte, werden Fisch, werden Blau, werden alles und streifen den goldenen Sand von ihren Flügeln.

5.
WELTENBAU

NORA GOMRINGER
URSPRUNGSALPHABET

Ich bin

Ariadne, die dem Faden, dem roten, wollenen folgt

Briseis, die Achilles

diente

bin

Calypso und singe für Odysseus und wünsche, dass er
mich nicht verlässt

Diana, Göttin mit dem Silberbogen, Silberpfeil, die
Mondzicke

Ich bin **e**in guter Maler und heiße Hitler

I am

Ferlinghetti crying over Allen

Guanin, der DNA-Bauer, der Knecht

Hadrian und baue eine Mauer mir zu Ehren, dem Reich
zur Wehr

Ich auf Freuds Couch

Jonas im Walbauch mit
unendlichem Vertrauen

Bin

Kassandra, die ständig spricht, doch keiner hört

Langsamkeit, mit der ich vergesse und an die ich
anschließe

Medea, die deiner Geliebten ein Kleid näht, den Kindern die
Köpfe verdreht
Ich bin

Nora, der du ein Puppenhaus baust

Ochsenfrosch, denn das ist die Liebe zwischen Frida
und Diego

Proteus, denn ich will allen gefallen und hüte die Robben
am Strand

Ich war die **Q**ual des Laokoon ebendort, wo die Wellen
brachen

Ich bin **R**ilkes Panther-Tierpfleger

Sybille, **S**ybilla, Cybil – who cares – I speak in riddles

Ich bin **T**on aus Erde aus Sediment aus dem Adam entstand

D**U** bist der Hauch und unsinkbar

Ich bin **V**erlorenes am Wegrand, ein Stein, den einer lange
mitgetragen hat

Warten auf den Läufer aus Marathon, dem Fenchelfeld

X-Men, die Weltretter, die Ahnen der Tafelrunde

Ich bin z**Y**nisch, Baby, zynisch
Ich bin**Z**

Diesen Text anhören:
www.slamfibel.de/titel10.mp3

DALIBOR MARKOVIC

MY MOTHER WAS UNGAMPE-PIKANE.
MY FATHER IS ABSOLUCA.
THIS MIXTURE WAS NOT RESPECTED.

1
Ich hatte mal einen Kumpel
es war ein
hartgesottener
denn er war
ein kleines Dorf so winzig
niemals orten
er sagte er sei
bezogen war auf die
jedenfalls hatte er keinen
nicht was für Gründen
laut Anschrift klar gefälschter

in die Jahre
Indianer
Skandinavier
das kann die Navianzeige
so viel wäre schon mal
obdachlos aber
Freiheit die er fühlte wenn er
Personalausweis
einen brauchte
denn da stand Straße der

gekommener
besonderer Art
aus dem hohen Norden
von deinem Mobiltelefon
klar
ob das bloß
Helikopter flog wusste ich nie
und wenn er so mal aus weiß
dann war es ein
Donaudampfschifffahrtsgesellschaft

Ia

nur von mir kann diese Vorstellung
denn dieser Indianer
ich war jung
die wellt sich in Hügeln
genauso wie Gaza
in die komische Lage gerät
vielleicht werfen Palästinenser
damit das jüdische Volk

kraft meines Amtes
befand sich vollkommen in meiner
und brauchte die Welt nicht
sie wälzt sich und prügelt
und Israel an die tägliche
zwei rhetorische Fragen gemäß
mit Steinen auf
genügend Nachschub bekommt

als Erfinder kommen
Vorstellungskraft
denn meine Weltsicht
seit Kindesbeinen die Realität
Kehle sich springen dass man
seiner Kenntnisse zu stellen:
Paläste immenser Verzweiflung
um *seine* Toten zu ehren

2

warum
nun ich verzichte
und aus purem Kalkül
erfand ich mir
Sauerstoffmoleküle
man kann sie aber orten
mit der eigenen Stimme
am Plattenspieler
die Aufnahme wird
über den Atem
somit könnte man sagen

ausgerechnet immer
auf Zettel et cetera
und keiner Lust mehr
kurzerhand dies hier
lauern oft so willkürlich
und ordnen
und was im eigentlichen Sinne
ist hier anhand des Nagels
über den Arm
in Sprache gewandelt
ist mein Mund das Beben

dieser ausgestreckte Finger
auf der Bühne
mir meine Texte zu merken
und zwar Vinyl aus reiner Luft
in der Gegend herum
und dann recorden
eine Diamantennadel
abkopiert
hinübergetragen
und kundgegeben
einer Lautsprechermembran

3
das Gute an Texten
oder das Gute an Texten
auf Luftvinyl ist
oder man macht eine Kunst
oder man spielt sie rückwärts
reversRevier
mit anderen Worten
was meine Martyrien
in die Jahre
Indianer war
und gemeiner
aus dem Bistum Bad Homburg
Christenverfolgung
aus meiner Sicht

auf Luftvinyl ist
das Gute an Texten
man kann einsetzen

man begibt sich sozusagen
reversRevier
aus purem Glauben
leider nicht minderte
gekommener
wurde im Laufe der Zeit
zuletzt war es eine ganze
man könnte sagen
wie sich das äußerte
am besten

man kann sie scratchen
das Gute an Texten
nach Lust und Laune
Pause
in das Revier
der Magie
wird reine Materie
denn was zu Beginn noch ein
hartgesottener
immer schlimmer
Baptistengemeinde
ich litt unter
das erläuterte ich
mit einem Gedicht

4
Ich seh die Sonne hat den Frost entsorgt
Hinter mir der Gospelchor macht: ooooh
Ich wünsche Blüten für die Knospen dort
Hinter mir der Gospelchor macht: ooooh
Ich hör ein Vogel singt 'nen Trostakkord
Hinter mir der Gospelchor macht: ooooh

Ich summe mit ihm ohne ein Floskelwort
Hinter mir der Gospelchor macht: ooooh
Auf einmal hatt ich Lust auf Preiselbeeren
Und hinter mir springen
sie in die Luft
Und sie stimmen
ein ins gemeinsame Singen:
Preiset den Herren
Ich seh 'ne Frau die in den Rewe rennt
Hinter mir der Reverend sagt: yeah
Sie bewegt sich wie ein Reh behend
Hinter mir der Reverend sagt: yeah
Am Obstregal steht sie dann nebenan
Hinter mir der Reverend sagt: yeah
Ich frag sie ob sie diese Beere kennt
Hinter mir der Reverend sagt: yeah
Sie stellt sich vor ich sage: Hallo Julia
Und hinter mir springen
sie in die Luft
Und sie stimmen
ein ins gemeinsame Singen:
Halleluja

5

mit Julia wurde alles ruhiger
war kein Platz mehr
keine Gespenster
von denen ich denke
ein bisschen
denn ich fand dass sie
jetzt bin ich

dann begann auch das Studium
für meinen Schwachsinn
Chimären
sie wären
vermisse
Atem ist
Fantasieatheist

und Schwuppdiwumm
ich war jetzt erwachsen
Dünkel
ein Kumpel
ich die Zeit aber schon
den man zum Leben brauchte
der einmal glaubte

Diesen Text anhören:
www.slamfibel.de/titel11.mp3

PAPIERBLÜTENSTAUB

Ich war damals vier Jahre alt, als wir uns das erste Mal begegneten. Und ich glaube, mich zu erinnern, dass ich ihm damals von meinem großen Lebenstraum erzählt habe. Mein Urgroßvater. Er ist früh gestorben. Und bis heute weiß ich leider nur allzu wenig von ihm, obwohl meine Mutter mir viel von ihm erzählt hat und sich sicher war, dass wir beide sehr viel gemeinsam hatten. Er sei ein schweigsamer Mensch gewesen und hätte Zeit seines Lebens viel geschrieben. Sein Beruf war der eines Uhrmachers. Ich habe viele seiner Urkunden und Zertifikate gesehen. Es muss ein wundervoller Beruf gewesen sein. Damals gab es noch diese wertvollen kleinen Taschenuhren. In ihnen verstaut ein winziges Räderwerk, sensibelste Mechanik und sehr viel Arbeitszeit. Im Keller seines Geschäfts hatte er eine Werkstatt. Er nannte es Atelier, doch heute würde man das nicht mehr sagen. Denn ein Atelier steht für Kunst und eine Werkstatt für Handwerk. Aber damals war das Uhrenmachen eine Kunst, jede Uhr ein Unikat und das Werk mehrerer Tage. Mit seinen filigranen Händen schraubte er an den fragilen Zifferblättern, den Zahnrädern und Metallstiften. Meine Mutter, so erzählte sie, stand oft wortlos daneben und bewunderte seine Behutsamkeit und Ruhe. Mein Urgroßvater war kein wohlhabender Mann, musste mit dem wertvollen Material dementsprechend sorgsam umgehen, durfte mit den kleinen Rädchen und Schräubchen nicht verschwenderisch sein.

Als Kind hatte ich einen großen Traum. Ich wollte Gießkannen herstellen und dann ein Gießkannengeschäft besitzen. Ich habe Gießkannen geliebt. Besonders die grünen. Gießkannen sind grün. Nun ist viel Zeit verstrichen, und ein Gießkannengeschäft besitze ich nicht. Den Großteil meiner Zeit verbringe ich mit dem Schreiben von Geschichten. Ich weiß nicht, ob es meine Berufung ist, vielmehr geschieht es aus einem inneren Zwang. Und ich denke, dass es mich auf eine seltsame Art glücklich macht. Manchmal jedoch komme ich an einen Punkt, an dem ich schier verzweifle. Der sinnliche Makel der Sprache. Er macht mir schwer zu schaffen. Uhren ticken und Gießkannen plätschern. Uhren riechen nach Öl und Leder, Gießkannen nach Plastik, nach Lack oder nach abgestandenem Wasser. Uhren kann man um seinen Arm oder in der Manteltasche tragen, und Gießkannen hält man in der Hand. An Uhren liest man die Zeit ab, und mit Gießkannen bewässert man die Blumen. Und was sind meine Wörter? Sie haben keine definierte Funktion, keine Bestimmung, weder haptische noch funktionale Eigenschaften. Ihr Wesen erfasst sich erst in ihrer Vorstellung. Ich kann nur Geschichten schreiben. Und wenn jemand gerne eine Geschichte über eine Gießkanne hören will, dann müsste ich ihn womöglich enttäuschen, weil in seiner Vorstellung eine Gießkanne blau lackiert sein sollte. Meine jedoch ist grün. Ich kann Gießkannen sehr schön und detailliert beschreiben, aber sie sind immer grün. Meist stehen sie in einem Vorhof auf einer Fensterbank, und vor dieser Fensterbank steht eine Schubkarre, gefüllt mir morschem Holz. Eine alte Frau hängt im Garten die Wäsche auf, bevor sie die Blumen und Kräuter gießt. Gießkannen sind grün. Grün sind sie. Blau sind sie selten.

Ich mag die Vorstellung von klar definierten Dingen, und deswegen wollte ich Gießkannenverkäufer werden. Ich stellte mir vor, wie die Menschen in mein Geschäft kämen und dann staunen würden, welch schöne und seltene Gießkannen ich doch besäße. Schließlich würden sie eine mitnehmen, weil daheim ihre Pflanzen nach Wasser lechzten. Damals habe ich mir vorgestellt, dass mein bester Freund Regenschirmmacher wird. Und wenn es dann vom Himmel gießen würde, weil der liebe Gott zu viele Gießkannen bei mir gekauft hätte, würden die Menschen zu ihm laufen und seine prächtigen farbenfrohen Regenschirme bewundern. Und jetzt? Jetzt kann ich »Gießkannen«, »Regenschirme«

und »Taschenuhren« nur schreiben. Aber ich liebe Geschichten, schreibe sie meist sehr sorgsam und nehme mir viel Zeit dafür.

Mein Urgroßvater hat sich auch viel Zeit für seine Uhren genommen. Er hat seine eigene Uhr nur sehr selten benutzt. Und wenn meine Mutter damals sagte, dass uns etwas Wesentliches vereint, dann womöglich unser Gefühl für Zeit und die Behutsamkeit, mit der wir mit unserem Material umgehen. Meine Buchstaben können nicht weniger werden, wenn ich sie aufschreibe. Aber ich stelle mir das oft vor, und ich scheue mich oft davor, die ganz großen Worte zu verwenden, weil man davon nicht viel hat. Frieden ist ein großes Wort. Ich schreibe es nicht oft, denn ich weiß nicht, wie das geht: Frieden. Scheitern ist auch ein großes Wort.

Lieber Urgroßvater, leider hat der liebe Gott noch keine Gießkanne bei mir gekauft. Mittlerweile weiß ich nicht mehr so recht, ob es ihn wirklich gibt, aber wenn, dann müsste ich ihn enttäuschen. Ich könnte ihm nur meine Vorstellung einer Gießkanne schenken. Meinen Traum von damals habe ich nie realisiert. Nun arbeite ich mit Buchstaben und Wörtern. Doch ich habe mir fest vorgenommen, das Schreiben stets behutsam anzugehen und die Buchstaben nicht zu verschwenden. Ich werde niemals Geschichten schreiben, bloß um Geschichten zu schreiben.

Deine Uhr habe ich noch immer. Gerne hätte ich dir schon damals zum Abschied eine Gießkanne geschenkt. Hier hast du sie. Ich hab dir eine geschrieben. Der Lack blättert schon etwas. Sie ist grün. Für Papierblumen.

THERESA HAHL
APPELL AN DEN ALLTAG

Ich will über Alltagsaugenblicksaufnahmen schreiben.
Magiemomente, die uns meistens doch nicht
als wertvoll genug in Erinnerung bleiben ...

... darüber schreiben,
welche Geschmacksgemälde die ersten Erdbeeren
der Sommersaison malen,
wie Wellen Zähne klappern beim Klackern
durch Splitterscherben und Mosaikmuschelschalen.
Wie Einkuscheln in frisch bezogene Bettlaken riecht
und welche Mustermagie eine Schnecke
in Schleimspuren an eine Häuserwand kriecht.
Wie die Nacht mit Autobahnfernverkehrsrauschen nach Atem klingt
und der Mond auf zitternden Ziegelsteindächern
der Stadt Singsang singt.
Wie die Sonne Fettfingerrunen
auf glatten Glasscheibenflächen aufdeckt
und wie ein Gebirge Schneepfoten nach dem Himmel ausstreckt.
Wie dampfende Teetassenschwaden
an winterkalte Scheiben schreiben
und huschende Scheinwerferschächte
Schattengeister von Straßen vertreiben.

Für mich bleibt der Tau steh'n an wandernden Tagen.
Ich hab geseh'n, wie Glaslichtlaternen in tränenden Augen lagen
und sich auf jeder Bordsteinkante
potenzielle Seiltänzerträume verbargen;

während sich für mich hinter jeder Ecke neue Lichtländer auftun,
stecken die meisten Menschen mit Zehen noch kniefest
in Militärmarschierschuhen.

Wer schaut den Mond noch anders
an als gestern-Nacht-heute-Abend-ja-schon-wieder-geseh'n
und befindet sich noch im Bauch
einer stählernen Raupe beim In-der-Straßenbahn-steh'n?

Warum sagt man mir, es gäbe keine Magie mehr,
die es vermag, Herzen zu bewegen
und den Erdboden aus staubigen Rinnsalen zu heben?
Ist denn die Welt weniger unerklärbar als früher?
Geh doch mal raus, iss vom Langneseeishimmel
und pflück dir wabernde Wattewolkenzerglüher.
Sind die Menschen bloß blinder und tauber oder seltener leise?
Die Welt schwingt doch immer noch
Schneekugelmagnetmalerkreise.
Oder haben Lkws letztlich ihre letzten O-Töne ausgehaucht,
haben wir allen verfügbaren Instant-Zauberstaub aufgebraucht?
Sind schon alle Hinterstirngedankenweltwanderwerke erkundet?
Wird die Welt, um Magie zu bemerken, zu zeitrafferartig umrundet?
Hat der Nachthimmel an Glanz verloren,
verglichen mit einer anderen Zeit?
Also, für mich ist er immer noch sternhagelweit.

Es sind die Dinge im Kleinen,
die wie Tütenwunder in zwei Minuten fantasiefertig sind.
Dinge wie flatternde Papierstücke im zupfenden Zugzickzackwind,
Raufasertapetengefühl beim An-der-Wand-entlang-Streifen,
Sturmtropfen, die den Himmel zerteilen und Molltöne pfeifen.

Für mich beginnt jeder Tag
in einer Mikrokosmosmärchenmalmirselbstwunderwelt;
nur weil vor meinem Fenster keine Pyramide steht,

kein Niagarafall fällt,
heißt das nicht, dass es auf meiner Tageskarte
keine Weltwunder gibt.
Ich nehm die übrig gebliebenen Magielegosteine,
die jeder sonst nur so beiseite schiebt,
und baukastenwerkle mir ein Umfeld aus Miniwundern
mit Alltagstauglichkeit.

Wo Träume Leben lehren,
und ich weiß, Phrasenfantasie kann
den Himmel um Wolkenworte vermehren,
deshalb kann ich
von zwergenkleinzauberzaghaften Zeitpunkten zehren.

Es ist eben nur eine Frage des Blickwinkels,
mit dem man auf den Erdboden schaut;
tausendmal angeschaut heißt eben nicht altvertraut-ausgelaugt.

Vielleicht muss man, um Neues in Altem zu finden,
zwischen häusergrauen Mauern ein Horizontlicht weiter seh'n.
Es gibt aber immer noch bezaubernde Wege auf Sternschrittalleen;
das einzige Problem ist,
wir müssen sie auch geh'n.

VON GULLIDECKELN UND NUSSSCHALEN-SCHIFFEN: EIN AUFRUF AN DIE PHANTASIE

Ich sehe dieses weiße Blatt und frage mich,
wie es eigentlich so weit kommen konnte.

Ich meine: du und ich, an Sonnentagen.
Wir sagten uns oft glänzende Sätze aus Traumfängerphrasen,
und träumten Tiefschlafphasenträume gemeinsam.

Du und ich, wir waren zusammen nie einsam,
weil wir umschlungen waren wie Chiffren
und dabei so unnahbar wie Regenbogenprismen nach Regen.

Du und ich, wir erfanden uns Straßen und Wege,
und ich dachte, auf denen würdest du mich ewig begleiten.
Aber du warst eben auch oft wie Eiskristalle an Fenstern,
die man nur durch den Dampf einer Teetasse sieht
oder wie Schatten von Gespenstern
oder wie flüchtige Frühlingsmusik.

Und in letzter Zeit vergaßt du oft meinen Namen.
Du ließt dich immer seltener blicken,
hattest mir kaum was zu sagen,
und erst jetzt, wo ich dieses Blatt hier sehe,
realisiere ich es verschwommen:
Meine Phantasie ist ausgezogen –
und hat die Ideen mitgenommen!
Was soll ich jetzt machen?
Ich sehe die Welt, wie sie echt ist,
und das ist echt nicht zum Lachen!

Seit du weg bist, zerplatzen alle Bilder wie Blasen.
Als du noch da warst,
da sah ich harte Menschen
als laufende Felsen mit Nasen.
Texte waren immer wie Welten auf Seiten,
und Seiten waren beim Schreiben kaum messbare Weiten.

Wenigstens hat dein Fortgehen nicht alle diese Bilder vertrieben.
Viele Menschen sind Ärsche mit Ohren geblieben.

Ich habe ja versucht, ohne dich neue Ideen zu finden,
aber sie haben es immer geschafft, mir zu entschwinden.
Ich habe Kontaktanzeigen aufgegeben:
Sprachloser Dichter sucht Idee fürs Leben!
Ich bin auch auf Poetry Slams gewesen:

Ein paar Ideen waren ganz nett,
nur eben leider schon vergeben.

Ich habe Ideenwerkstätten gebeten,
mir ein Bett aus Ideen zu kneten,
damit ich von Ideen träume.
Ein Traum von Bett sozusagen.

Dann habe ich, auf dem Bett liegend,
Kurzgeschichten geschrieben:
Eine handelte von einem Geist, der im Altersheim spukt,
ich nannte sie »Das Phantom der Opas«.

Bei meinem Versuch, andere Phantasielose zu finden,
traf ich bei LAN-Partys auf enge Vertraute:
Wir saßen uns im Stuhlkreis gegenüber,
und ich tippte die Worte »Hi, ich bin Pierre und meine Phantasie
hat mich verlassen.« in den Messenger.
»Hi, Pierre (trauriges Smiley)!«, schrieben die anderen.

Danach habe ich meinen Ferienjob bei der Bild-Zeitung verloren.
Ich hatte die Worte »Es bleibt kalt, und es ist mit Schneefall zu
rechnen« geschrieben.
Die passende Überschrift »WIR WERDEN ALLE STERBEN!«
war mir einfach nicht eingefallen.

Und auch später, als Horst –
Horst ist der Gangsterrapper, aus der Nachbarschaft –
seinem Kater, nachdem der einen Marder gefangen hatte,
den wirklich schönen Namen Marderfucker gegeben hatte,
da fiel mir kein geeigneter Name für meinen Kater ein,
der diesem, wie ich fand,
wirklich genialen Einfall hätte gerecht werden können.

Also habe ich Denksport gemacht,
mich Tag und Nacht fit gehalten.
Ich bin beim Stabreimhochsprung über Zeilen gefallen
und wieder aufgestanden.
Ich hab nach Sprachsalti versucht, auf den Beinen zu landen.
Ich habe Kraftausdrücke benutzt,
um stärker zu werden,
und Gebärdensprache gelernt,
um Ideen zu gebären, aber es wurde einfach nicht besser!
Dann gab es Leute, die fingen an zu lästern:
»Oh je, Menschen, die schreiben,
das sind alles Nerds, und die sollte man meiden!«,
sagten sie.
Sie standen an Straßen,
im Rock oder Smoking,
und sahen mir zu beim Nerdic Walking.

Liebe Phantasie,
weißt du schon, wie lange du noch wegbleibst?
Ich habe in der Zeitung gelesen, dass du dich jetzt mit F schreibst.
Das waren so Klatschgeschichten.

Und obwohl ich fände,
dass das echt scheiße aussieht,
kann ich nicht länger auf dich verzichten!
Ich brauche dich, damit du mir wieder Dinge sagst wie:

Pierre, wenn dir auf Großstadtasphalt Menschen begegnen,
die kalt umherblicken,
sich stoßen und die nie freundlich reden,
dann stell dir einfach vor, die ganze Welt wäre ein Theater:

Hochhausfensterfassaden sind dann Logenplatzsitze.
Und unter Gullideckeln da sitzen Souffleure
und flüstern feixend Großstadtwitze.

Menschenmassengespräche werden zu Orchesterklangsummen.
Und im stummen Licht von Straßenlaternenscheinwerfern
sind Schaufensterpuppen das Publikum.

Fußgängerzonen verwandeln sich in Bühnenbodendielen,
und kalte Menschen sind dann nur Schurkendarsteller,
die ihre Lebensrollen lediglich spielen.

Und wenn du wieder da bist,
dann baue ich mir Nussschalenschiffe
und wähle den Wind nach Belieben.
Dann bin ich Nussschalenschiffskapitän
und stets auf der Suche nach neuen Ufern,
über die noch niemand geschrieben hat.

6.
TEXTWANDELN

TIMO BRUNKE
WÖRTERZEITREISE

Die Wörter sind ständig auf Reisen,
Und das schon jahrtausendelang.
Sie verwandeln auf vielerlei Weisen
Ihr Bild, ihren Sinn, ihren Klang.

Wer meint, er könne sie fassen,
Der irrt sich gewaltig: Sie flieh'n
Aus den Wörterbüchern gelassen,
Um weiter die Zeit zu durchzieh'n.

Doch: Trifft es sich, so erhaschen
Wir trotzdem gern ihren Sinn –
Sie sind wie was Gutes zu naschen,
Wie'n Glas mit lauter Bonbons drin.

Sie machen Welt reicher, bunter,
Drum werden sie auch so geliebt.
Doch ist das nicht ihr größtes Wunder,
Dass es die Wörter überhaupt gibt?

DALIBOR MARKOVIC
JÜNGERE GESCHICHTE

Um Jugendliche
Zu begeistern
Für Geschichte
Hab ich sie einfach
Umgedichtet
Also nicht wundern
Ich nehme Zeilen und Sätze
Aus unserer Zeit und versetze
Sie in vergangene Dekaden
Des 20. Jahrhunderts

Wer in den Dreißigern sagte
»Mein Speicher ist voll«
War entweder Mitläufer
Oder hatte einer Familie schon Unterschlupf gewährt

Wer in den Vierzigern sagte
»Ich lade gerade«
War entweder in einem Arbeitslager
Oder lag in einem Busch mit 'nem Gewehr

Wer in den Fünfzigern sagte
»Ich lösche die Datei«
Hatte sich versprochen
Und meinte: Ich lösche die Partei aus meiner Vergangenheit

Wer in den Sechzigern sagte
»Ich hab 'ne Firewall«
Kam entweder aus dem Westen Berlins
Oder aus dem Osten und war je nach Gesinnung gefangen oder frei

Wer in den Siebzigern sagte
»Ich brenne einen Rohling«
War entweder Mitglied der GSG9
Oder bei der Roten-Armee-Fraktion

Wer in den Achtzigern sagte
»Ich drücke auf Senden«
War jeweils Präsident einer Großmacht
Und meinte Atomwaffen mit Pilzexplosion

Wer in den Neunzigern sagte
»Der Empfang ist schlecht«
War Ossi und meinte Wessis
Oder besaß tatsächlich eines der ersten Handys

Wer in den Nullerjahren sagte
»Ich schicke dir gleich 'ne E-Mail
Ohne Betreff
Aber mit PDF im Anhang
Werde gleich damit anfangen
Könnte 'ne Weile dauern wie du weißt
Denn bedauerlicherweise
Ist mein Modem nicht
Das modernste Modell
Auf dem Markt
Schönen Tag.«

Der meinte das auch genau so

BEI OMA ZU TEE-TRIS ...

»Oma, erzähl doch mal, wie war es früher, wie habt ihr da so gelebt?«

»Ach, früher, mein Junge, das war noch ein ganz anderes Leben, ein anderes Leben, das war noch Altavista. Verstehst du? Das war die gute alte Zeit, the real time! Da lebten wir noch hoch oben auf dem Datenberg im Digi-Tal, und zwar nicht im Süden, nein, im Norton! Und rundherum gab es absolut nichts, nichts! Nintendo! Da gab es nur die Natur, und zwar hoch aufgelöst, mehrfarbig, druckfrisch. Es wehte ein laues Lüftlein, ein Windows. Und die Vögel zwitscherten, tweet, tweet. Und die Grillen zirpten, zip, zip. Und die Frösche quakten, word, word, word. Und unsere Hühner im Stall legten alle Eier in einen iPod.

Wir wohnten auf der Alp, das war ein richtiger Kraftort, ein Powerpoint. Die paar Kühe, die wir hatten, liefen alle frei herum, damals gab es noch keinen Kuhdraht, das war alles wireless.

Gewaschen haben wir uns am Brunnen, damals gab es noch keine Dusche, es gab keinen Browser.

Es gab auch keine Toilette, wir hatten kein PC. Wir hatten nur ein Plumpsklo, ein Download. Echt, das Leben damals war schon mehr als taff, das war tiff! Wir hatten auch keine Schuhe, konnte sich keiner leisten, so teures Laufwerk! Wir gingen alle barfuß, verstehst du, Wikipedia!

Ich hatte mir oft gewünscht, dass das Leben damals nicht so hardware, sondern software.

Oben auf unserem Arbeitsspeicher wimmelte es von fiesen Ratten, von flatrates! Und eine Mouse gab es auch, echt, die hat sich da oben installiert. Die knabberte an sämtlichen Vorratskisten, wirklich, an X-Box, an X-Box fand ich große Bissspuren, solche Megabytes. Einmal ließen wir dann unseren Hund offline, den Macintosh. Das war eine richtige Suchmaschine. Such, Macintosh, such! Aber anstatt der Mouse verfolgte er irgendeinen Firefox. Ich glaube, der klickte nicht mehr richtig. Nein, um die Mouse musste sich dann dein Opa kümmern. ›Da hilft nur noch ein gezielter Screenshot‹, sagte er, und ›ram!‹, war die Mouse ›exe‹. Ja, dein Opa war noch ein richtiger Mann, der konnte noch anpacken, das war ein richtiger Pacman. Und schlau war der! Der hatte einen richtigen Informa-Tik! Hat sich ja auch hochgearbeitet: Erst war er Holz-Hacker, dann Datenträger und am Schluss Dateimanager. Natürlich nicht von heute auf morgen, das war ein längerer Prozessor, aber schlussendlich war er sein eigener Boss: ›Ich bin mein eigener Commodore!‹, sagte er, und ich«, sagte meine Oma, »liebte ihn dafür mit jeder Glasfaser meines Körpers.

Ja, unsere erste Verabredung damals, das war mehr als ein Date – das war ein Update! Echt, da gab es sofort eine Verbindung! Und dabei war ich noch jung, ich war noch so jung, ich hatte noch Megapixel! Ja, Megapixel in meinem Facebook!

Aber das war deinem Opa egal, der sagte nur ›setz dich‹, ›setup‹, und dann lehnten wir uns mit dem Rücken an den Kachelofen, also Back-up an die Firewall. Wir tranken Kaffee und Tee-Tris ... Wir aßen Google-Hupf und Cookies und Kabelsalat, und Computerchips, und wir tranken Wein, wir tranken so viel Wein, unsere Zähne waren ganz blau vom Weintrinken, wir hatten richtige Bluetooth! Wir waren richtig beschwipst, wie auf Drogen, wie auf LED.

Und dann, dann zog er mir langsam meine Bluse auf, unzip, und als die Bluse auf war, sagte er: ›So, Office!‹«

»Oma! Das sind Details, das will ich gar nicht wissen!«

»Doch, mein Jung«, sagte sie, »eines möchte ich nochmals betonen, dein Opa damals, der beherrschte noch das Zehnfingersystem! Ja, der fand jeden Hotspot! Ja, und so nahm ich ihn dann zu meinem Mann, zu meinem Anhang. Für unsere Hochzeitsreise buchten wir eine Kreuzfahrt auf der MS Dos. Wir fuhren zur

Monkey Island und tingelten von Bucht zu Bucht, von Ebay zu Ebay. Wir lagen am Strand in der Sony unter Palm, und abends aßen wir BabelFish.

Wir waren richtig glücklich damals, wir waren glücklich, wir waren content! Aber nun bin ich alt geworden, ich habe viele Graustufen. Jetzt kommt die Zeit der Jungen, und die wird bestimmt auch excel. Glaub mir, jetzt kommt eure Zeit, jetzt seid ihr am Drucker.«

FRANZISKA HOLZHEIMER
#DIESDAS I

Wie oft schon sank die Vernunft im schweren Duft komplizierter
    Blumen
Wie oft stand das Gras hoch, und wie viele hielten sich darin
Wie oft bargen zwei eine Schuld in ihrem einen zerflossenen Schoß
Wie oft waren Liebende danach wie gänzlich ausgegossen

Wie viele Goethebüsten wurden
unter Ginkgobäumen aufgestellt?

Wie oft war Haut ein alabasterner Vorhang und barg ein Leuchten
Wie oft schon suchten sich Hände einen Weg
Wie oft schon suchten sich Hände
Wie oft wand sich wer unter der Last einer Liebkosung

Wie viele kleine Nachtmusiken wurden in
Warteschleifen abgespielt?

Wie oft schon presste sich ein Erstarktes gegen Stoff
Wie oft schon verbanden sich Leberflecke zu einem Sternenbild
Wie oft lag ein Mädchen in den Armen eines Jungen

Wie viele fielen zum Opfer?

Wie oft atmeten zwei Münder ineinander
Wie oft schwiegen zwei, da sie sich in Scheiden hüllten
Wie oft »ward« nach einer neuen Sprache verlangt
Wie oft haben zwei einander dekonstruiert

Wie viele Wörter abgenutzt und welk und ausgewrungen? Keines
jung, keines saftig genug, um die Qualität deines Bindegewebes
zu benennen

In wie vielen lauen Nächten
Wie viele verschlungene Leiber
Wie viele Seufzer
Und, ach!, wie viel halbherziger Widerstand

An wie vielen heißen Tagen
Wie viele verglühte Seelen
Wie viele Funken
Und, oh!, wie viele erstickte Schreie in zerwühlte Laken

Wie viele Male ist schon »wie viele« gefragt, wie viele Male ist
schon geworden

Wie also soll ich sprechen von Dir?
Man bräuchte eine neue Welt.

#diesdas

#DIESDAS II

Oft schon sank die Vernunft
in einen Zerflossenen
gänzlich Ausgegossenen
Ein alabasterner Vorhang
Ein Leuchten
#Schoß

Oft schon suchten sich Hände
unter der Last
Presste Erstarktes einen Weg
lag ein Mädchen
zum Opfer
#Schuld

Oft schon abgenutzt
und welk
und ausgewrungen
Nichts
als halbherziger Widerstand
#Bindegewebe

Oft atmeten zwei
schwiegen Münder ineinander
Scheiden
ward verlangt
nach neuer Sprache
#Dekonstruktion

wie sprechen
von Dir
wie sprechen
von Welt
#

#DIESDAS III

#irgendwasmit

#adieuvernunft   #komplizierteblumen   #gräser
#haltetaneuch #zerflossen #imschoß #ausgegossen
#hautalabasterleuchten   #Suche_von_Hand   #sichwinden
#lastundliebkosung   #pressen   #steifesunterstoff
#leberfleckezusternenbildern   #liegendemädchen
#imarmeinesJungen   #ineinander_atmen
#schweigendScheiden #zwei #neue_Sprache #verlangen
#einanderdekonstruieren   #vielewörter
#abgenutztundwelkundausgewrungen   #jungundsaftig
#laueLeiber   #verschlungenenacht   #ACH
#halbherzigerwiderstand   #beitage   #seelenglühen
#funkenversunken #OH #ersticksteschreie #zerwühltelaken
 #wieviele #irgendwasmitdirundderwelt

#diesdas

7.
UNMÖGLICHKEITSBAUSTELLE

SEBASTIAN 23
GOLD (2)

Ich habe mir ein Mixtape gemacht
Aus den Schweigeminuten
Zwischen uns
Ein Echo der Stille

Wovon haben wir schon geredet?
Wir erzählten uns das Blaue vom Himmel
Vom Flug der Vögel
In die untergehende Sonne
Von Wolken und vom Wind
Ja, wir dichteten vom Wind
Und rührten uns Lyrik
Wie Honig in die Kopftasse

Blablabla war das
Leeres Gerede
Jede arabeske Wortkaskade
Eskapismus in Welten
In denen Basilikum an Basilika grenzt
Ohne Ahnung
Mit Metaphern wie tausendmal aufgekochte Teebeutel
In der Wüste

Wir sahen die Welt
Vor lauter Träumen nicht

Wovon haben wir denn da gesprochen: Wind?
Wenn ich das schon höre!
Was ist denn Wind mehr als heiße Luft
Die meistens auch noch kalt ist?
Ja, ja, er trägt die Blätter von den Bäumen!
Ach, wie schön!
Aber er trägt auch den Geruch der Latrine ins Haus!
Und die Pollen in die Allergiker!
Wirft Wellen und wogt Drachen!
Zerstört Dörfer als Sturm!
Fröstelt als Böe den Surfer Bo!
Fächert Flächenbrände an!
Na, ihr Poeten – wofür steht der Wind?
Falsch: Der Wind steht gar nicht!
Er weht!
Nur bekiffte Hippies suchen ihre Antworten im Wind!

Und dann sprachen wir noch von: Sonne!
Sonne!
Licht der Erkenntnis!
Auge der ewigen Osiris!
Ja.
Und Blendung
Für die menschliche Iris!
Sonne!
Hautkrebskanone!
Weltenbrenner!
Tagtischlampe!
Kosmische Energiesparglühbirne!
Halbgare Heizung!
Ein Gasball, der sich für den Mittelpunkt der Galaxis hält!

Nix da!
Der Mittelpunkt der Galaxis
Ist ein riesiges schwarzes Loch!
So leer wie ...
die Metapher Sonne!
Was sind die Dichter mehr als Ikarus!
Also: Klappe halten!
Die Welt ist nicht YouTube
Man muss nicht alles kommentieren!

Und dann waren da noch die Vögel!
Ja, ja, die Vögel!
Ein Vogel ist doch auch nur jemand
Der sich mit ausgestreckten Armen
Vom höchsten Haus wirft
Und das Glück hat
Gerade kein Mensch zu sein

Vogel, Vogel, Federvieh, Flugfisch, Flatterfalter, Flügelpferd
Beschränkte Metapher
Für aviophobe Poeten!
Dichter mit Flugangst
Sollten am Boden bleiben
Und ihre Metaphern
Direkt auf den Teppich schreiben
Mit Federn statt mit Flügeln
Merkt euch das!

Und fangt mir gar nicht erst mit Wolken an!
Da sag ich gar nichts zu!
Da könnt ihr ja gleich mit Blumen und Schmetterlingen kommen!
Wolken sind die Flugzeuge der Träume!
Nix da, Wolken sind fliegende Pfützen!
Wer Wolken in Poeme webt, ist Emo
Und sollte aufhören zu dichten

Geht ins Kino und schaut euch eine romantische Komödie mit
Vampiren an!
Wo sind wir denn hier?
Bei Deutschland sucht das Superbla?
Ihr teilrasierten Vollaffen!
Ihr Pommesköppe!
Habt ihr ein Jamben-Sparabo?
Ihr seid keine Heines, ihr seid Heinis!
Ich bin kurz davor, mich aufzuregen!

Und am Ende war da noch der Himmel!
Der Himmel!
Blaue Scheiße!
Worüber man nicht schweben kann
Darüber sollte man schweigen!
Schweigen, nicht schreiben!
Was soll denn der Himmel sein?
Irgendwas über uns?
Ja, ja, die Stratosphäre oder was?
Da oben ist nichts Blaues!
Da bricht nur das Licht
In der leeren Luft

Und diese leere Luft ist nicht nur da oben!
Sondern auch hier unten!
Das heißt dann wohl:
Der Himmel ist nicht nur über uns
Sondern auch um uns!
Wir leben mittendrin!
Denn der Himmel

Der Himmel
Beginnt genau
An deiner Haut

Es liegt an dir
In welche Richtung
Er geht

Schschsch...
Behalt deine Antwort für dich!
Schau doch lieber:
Der Flug der Vögel am Blau
Der Wind und die Wolken
Im Abendland
Der untergehenden Sonne

Ein Stillleben
Mit der Betonung auf Stille

BJÖRN HÖGSDAL
OXYMORON-KRIMI

In helllichter Nacht klingelt stumm eine Pfeife,
ein einziges Mal nur laut auf Dauerschleife.
Es sei nichts passiert. Man komme sofort!
In ruhiger Hektik geht's auf zum Tatort.

Mann ermordet, Körbchengröße acht,
wird grad vernommen, starb gestern Nacht.
Der Mörder ist flüchtig in seiner Zelle,
man würfelt sein Urteil und nutzt dafür Bälle.

Der Richter erregt sich, er liegt im Koma,
er starb ja schon bei der Geburt seiner Oma.
Die Witwe der Oma ist ein bisschen schwanger,
mit einem Zwerg, es ist ein recht langer.

Der hat die Tat ewig schon spontan geplant,
und keiner der Mitwisser hat was geahnt.
Jedes Mal, doch nicht immer, kommt es so nie,
ein Fall so dynamisch wie Monotonie.

Nichts als die Wahrheit, von mir selbst erfunden.
Aus uralten Schriften, geschrieben vor Stunden.
Das Ende des Lieds steht am Anfang des Texts,
und nun der Prolog, in die Mitte gesetzt.

BAS BÖTTCHER
SYNTAX ERROR

Ich bin Fehler im System
das System hinter dem Fehler
der Stolperstein im Wortfeld
im Sprachfluss der Eklat

Gleichförmigkeit führt zu Ungeduld und Unruhen
Es kann der richtige Weg sein, das Falsche zu tun
Jedes Wort verziert von Rotstift – Farbe der Liebe
Meine Fehler sind das Salz im Getriebe
Ich meine, Sand in der Suppe
Ich hab ständig Wünsche frei vor lauter Schnuppe

So stellen meine Fehler die Regeln auf Proben
So proben die Regeln meine Fehler – beide eng verwoben
Ich bin mangelhäftiger Meister
Ich komm nie vom falschen Weg ab
Bin im Meisterfehlen der Macher
weil ich Patzer in Massen statt Maßen hab

Aus falsch mach ich Flash
Aus Fehler mach ich Flair
Aus schlecht wird Geschlecht
Aus verkehrt wird Verkehr
Aus Elenden die Edelen
Aus Lebenden die Liebenden
Aus Leid mach ich ein Lied
Und aus bad mach ich ein' Beat

Ich bin Fehlermachmeister
das Tüpfelchen unter dem i
Bin im Meisterfehlen der Macher

Mein Paradigma die Paradoxie:
Ich schwimm in Geld wie Heu am Meer
Meinem Kram kräht kein Kran hinterher
Auch dieser Vers ist unter aller Schublade geraten
Und dieser hier Öl auf die Mühlen der Akkuraten
Muss es heißen »Was willst du denn?«
oder besser »Was will Duden?«

Ich rock Haus statt Brockhaus
beherrsche die Echtschreibung
In der Rechtschreibung steckt Reibung
rubbel dran rum bis zur »Üb-er-Treibung
lieber erst mal noch mal vor der Eignung!«
Und so kommt alles Festgelegte gelegen
Und alles, was bestimmt wurde, stimmt

So stellen meine Fehler die Regeln auf Proben
So proben die Regeln meine Fehler – beide eng verwoben
Ich komm vollkommen unvollkommen
Hab mich schon immer benommen benommen

Andere leisten sich Glitzer
Ich leiste mir Schnitzer
Jeder Lapsus ist Luxus
Jeder Aussetzer spitzer
als glattgebügelte Blätter
als plattgeprügelte Städter
als straffgezügelt et cetera

Nenn mich Versager, ich nenn mich Verse-Sager
Nenn mich Geisterfahrer, ich nenn mich geistig Erfahrener
Nenn mich Spielverderber, ich nenn mich derb Verspielter
Ich fehler mir die Welt schön

Aus Dispo wird Disco
Aus Verlust wird verlustieren
Fiesta wird aus Fiasko
Verlieben aus verlieren

Entschuldigung, ich komm ins Schwimmen und zwar Freistil
Erfülle glänzend meine Funktion als schlechtes Beispiel
Und ohne das Falsche gäb's das Richtige nicht
Nur die Macken im System bringen dessen Schwächen ans Licht

So kann ich aus Tausenden Fehlern was lernen
Ich bin längst Professor vor lauter Buchstabendrehern
Und von Anfang bis Ende war irgendwie eh klar:
Dieses Stück zu schreiben, war ein richtiger Fehler

PHILIPP SCHARRI
DRAMA SUTRA

Da sitz ich und möchte Gedichte verfassen,
Doch hat meine Muse im Stich mich gelassen.
So viel ich auch bettel, mein Zettel liegt brach –
Das Fleisch ist zwar willig, der Geist ist zu schwach.

Wir hätten uns längst auseinandergelebt,
Und dass es ja außer mir andere gäb',
Schrie sie im Gehen – mit uns es sei aus,
Sie nähm' die Ideen, mir blieb' ja das Haus.

Dann nahm sie die Koffer – und *ich* als geschockter
Poet lieg nun hier auf dem Sofa: »Herr Doktor,
So litt die Beziehung noch nie an 'ner Krise!«
Der Doktor empfiehlt: Poesie-Analyse ...

Doktor: »Das alles klingt wenig harmonisch –
Ist denn die Partnerschaft chronisch platonisch?«
Poet: »So ein Stuss! Zu Beginn der Armour
Bracht' schon *ein* Kuss mich auf LiteraTour.

Doch kam nach der Schonzeit Gewohnheit, und jetzt
Haben wir nur noch ganz selten mal ... Text.«
Doktor: »Und hat sie gesagt, was der Grund war?«
Poet: »Ja, der Takt sei zu öde – rauf-runter ...

Nur Heben und Senken, die Reime zu rein,
Am Schluss die Moral – so was enge sie ein,
Drum habe sie, wenn nicht ekstatisch erregt,
Den dramatischen Höhepunkt einfach gefaked.

Und trotzdem, Herr Doktor, verführte sie mich,
Dann spürte ich mich als mein *lyrisches Ich*!«
»Persönlichkeitsspaltung und darum zerstreut«,
Deutet der Paartherapeut voller Freud'.

»Und wenn sie dir wegläuft, die Muse, dann plärrste?«
Poet: »Nein, ich fang'se! Ich sperr'se in Verse!«
»Die Lösung!«, verkündet der Doktor frenetisch,
»Du *bist* nicht poetisch, du hast bloß 'nen Fetisch

Für Wohlklang, und darum blockiert in der Rübe dich
Streng als Kontrollzwang dein *lyrisches Über-Ich*!
Manch ein Poet übersah dies Symptom
Und erkrankte am Lit'ratourette-Syndrom ...«

Poet: »Und was heilt solch neurotisches Treiben?«
Doktor: »Ganz klar: therapeutisches Schreiben.«
Poet: »Aber wie denn – ganz ohne die Muse!?«
Doc: »Küsst die Muse nicht dich, dann küss *du* se!«

So schreib ich der Muse ein Liebesgedicht,
Doch scheint meine Hand nur auf Triebe erpicht:
Die Zeilen, die einstmals so brav und Sonett,
Die sträuben sich gegen das Strophenkorsett ...

Mein Vers, er verselbstständigt sich unentwegt,
Als sich das *lyrische Es* in mir regt:
»Wie gut, dass ich endlich aus der Verbannung durfte!
Und jetzt, Muse, zeig mir deine scharfe Spannungskurve!

Ich will dir den Stoff
Von deinem heißen Textkörper reißen,
Dich schroff
Auf meine weiße Matrize schmeißen,
Dir die Fußnoten kneten – und was willst du so?
Blümchenpapier? Oder Sado-Muso?«

Da gibt protestierend das Über-Ich Laut:
»Taktvoller, bitte – als Vers, nicht versaut!
Wahre gefälligst die Form und das Versmaß!«
Es: »Ach, pfeif auf die Norm, dann macht Dichten erst Spaß!«

Und plötzlich entbrennt mit Gequengel und Zweifel
Ein Zweikampf gleich dem zwischen Engel und Teufel:
Über-Ich: »Muse, ich kleid dich in Worte,
Mit blumigen Ausdrücken kostbarster Sorte.
Ich leg aus ironischen Spitzen den Saum an ...«
Es: »Au Mann! Geht's *noch* verklemmter?
Ich bin da enthemmter,
Ich komm nicht als Traummann,
Sondern im Blaumann als Klempner!«

Über-Ich: »Muse, ich führ dich mit Witz
Aus dem Rotstift-Milieu, und dann nehm ich Notiz ...«
Es: »Hä? Was heißt'n hier *no tits*?!
Nichts da, raus aus dem Füllfederhalter, Schnecke –
Und ich frag, *warum liegt'n da Stroh in der Ecke* ...?«
Über-Ich: »Hast ja im Kopf auch nur Stroh!«
Es: »Was sein mag,
Doch begehr ich dich ehrlich vom Schopf bis zum Po –
Und so vergeht *kein* Tag,
An dem ich nicht träum von 'nem Mindfuck ...!«

Über-Ich: »Nrgh! Der morallose Wicht
Vernichtet nun auch die Moral der Geschicht'!«

Es: »Na und? Wer will ein normales Gedicht?
Denn als du mich anrührst,
Übers Papier meine Hand führst
Und ich dann merk,
Schreiben ist echt 'n *Hand*werk,
Gehst du in die Offensive gleich,
Spielst mit dem Genitivbereich,
Bis deine Message so zart mich berührt – jaaaaahh!
Ups. Vorzeitig artikuliert ...«

Poet: »Als ich zu mir komm, steht mir der Schweiß auf der Stirn,
Doch ich glaube, jetzt hab ich den Scheiß aus dem Hirn.
Offenbar hab ich im Rausch fantasiert,
Denn als ich genau hinschau,
Ist *dieses* Gedicht auf die Couch hingeschmiert.
Einfach so. Aus dem Bauch raus. Nicht ewig gefeilt.«
Der Doktor bläst Rauch aus und nennt mich: »Geheilt.«
Und ich glaube, auch *ich* hab es endlich gepeilt:

Gönn deinen Zeilen mal öfter statt Grips Sex –
Und schon ist die Muse nicht länger die Tipp-Ex.
Das wird mir bewusst auf dem Weg aus der Praxis:
Text ist nur gut, wenn er schmutzig gemacht ist!

BODO WARTKE
EIN MANN SIEHT GRÜN
(EIN KOMPLEMENTÄRFARBENKRIMI)

Ich fuhr mit meinem Wagen durch das Hamburger Grünlicht-
viertel. Über mir erhellte ein gleißend schwarzer Vollmond die
ansonsten rabenweiße Nacht. Ich verfolgte die vier Männer im
Wagen vor mir nun schon seit einer halben Stunde. Sie hatten
sich wie jede Woche in der *Grünen Katze* getroffen, um einige Par-
tien White Jack zu spielen. Doch statt weiß gebrannten Whiskeys
und schweren Grünweins hatten sie heute nur Blauensaft getrunken. Sehr verdächtig. Und nun fuhren sie zum Hafen.
Ich war mir todsicher: Heute musste die Übergabe stattfinden.
Mit ausgeschalteten Scheinwerfern und in gebührendem Abstand
beobachtete ich, wie sie neben einer verlassenen Lagerhalle direkt
an der Kaimauer parkten, vor der die ansonsten orangene Elbe
nun tiefweiß vor sich hin plätscherte.
Ich nahm meine Pistole aus dem Halfter und folgte den vier Män-
nern in die Lagerhalle, schlüpfte durch das Tor und verbarg mich
hinter einem Regal. Im fahlen violetten Schein ihrer Taschenlam-
pen erkannte ich, wie sie eine Holzkiste öffneten, auf der »Vorsicht Weißpulver« geschrieben stand, offenbar eine Kiste mit
Feuerwerkskörpern. Doch das Pulver, das sie in säuberlich abge-
packten Plastiktüten aus dieser Kiste hervorholten, war gar nicht
weiß – sondern blütenschwarz!
Bingo! Eine tonnenschwere Ladung, abgepackt in Kisten mit
Weißpulver, um die Drogenhunde zu täuschen. Ein Volltreffer ins
Weiße! Aber wo war der Zwischenhändler?
Da sah ich, wie sich aus dem Dunkel der Halle drei weitere weiße
Gestalten lösten. Und der Mann in der Mitte war – kein Zweifel,
er musste es sein! Ich erkannte ihn sofort an seinen schwarzen

Gamaschen – Karl Nerwetter, Drogenbaron aus dem Weißwald. In der Szene nannte man ihn nur: den Don. Don Nerwetter. Dieser Mann hatte alles andere als eine schwarze Weste. Er lieferte nur allerbeste Ware. Sein schwarzes Pulver galt als das Violette vom Ei.

Mir war klar: Diese Bande hochzunehmen, wird keine Fahrt ins Orangene. Einen Schusswechsel konnte ich nicht riskieren, bei all dem Weißpulver um uns herum. Ich brauchte dringend Verstärkung!

Nachdem der Don die Ware begutachtet hatte, verließ er mit seinen zwei Komplizen die Halle, während die anderen vier begannen, die Holzkisten in einen Container zu verladen. Ich beschloss, die Verfolgung des Dons aufzunehmen. Als ich aus der Halle trat, sah ich seinen Mercedes mit den weiß getönten Scheiben davonbrausen. Ich hetzte zu meinem Dienstwagen.

Ha, die werden ihr orangenes Wunder erleben! »Zentrale!«, rief ich in mein Funkgerät, »Vier verdächtige Personen verladen große Mengen Charlie an Dock 11, ich nehme die Verfolgung des Zwischenhändlers auf. Es handelt sich um Don Nerwetter. Er ... Hallo? ... Hallo? ... Zentrale, bitte kommen!« Erst da bemerkte ich, dass mein Funkgerät gar nicht funktionierte. Ich war auf mich allein gestellt.

Hatte der Don mitbekommen, dass ich ihm folgte? An einer Ampelkreuzung trat er aufs Gas, kurz bevor die Ampel auf Grün sprang – ich hinterher! Spätestens jetzt musste dem Don klar sein, dass ihm jemand auf den Fersen war. Und nicht nur ihm: Aus meinen Augenwinkeln sah ich es in meinem Rückspiegel flackern: Orangelicht! Die Kollegen von der Verkehrspolizei, ausgerechnet jetzt!

Ein Streifenwagen überholte mich, scherte vor mir ein und zwang mich zum Halten. Ein rot Uniformierter stieg aus und näherte sich, den violetten Strahl seiner Taschenlampe auf mich gerichtet. Ich ließ das Fenster herunter: »Kollegen, euch schickt der Himmel! Ihr müsst mir helfen ...«

»Ja, ja, nun mal ganz ruhig«, unterbrach mich der Polizist. »Sie wissen, dass Sie gerade über eine grüne Ampel gefahren sind?«

»Ja, ich schwarz!«, entgegnete ich.

»In Deutschland fährt man bei Rot über die Ampel.«

»Ja, das schwarz ich auch. Hören Sie ...«

»Diese Ampel war nicht mal violett. Sondern rubingrün.«

»Ja doch! Hören Sie ...«

»Ihre Berotdungen interessieren mich nicht. Ihren Führerschein und Ihren Ausschwarz bitte!«

»Jetzt pass mal auf, du Rotschnabel! Mein Name ist Thorsten Mahoni, ich bin Kommissar beim Hamburger Drogendezernat und verfolge gerade einen dringend Tatverdächtigen ...«

»Natürlich.« Der Polizist zeigte sich unbeeindruckt. »Ich glaube eher, Sie sind hackeorange. Steigen Sie bitte aus dem Fahrzeug!«

Die Zornesgrüne stieg mir ins Gesicht.

»Hör zu, du Penner! Ich hau dir gleich ...«

»Na, na! Spielen Sie hier mal nicht den Weißenegger! Aussteigen, habe ich gesagt!«

Ich sah aus dem Augenwinkel, wie der Polizist seine Hand auf den Knauf seiner Waffe legte, bereit, sie jeden Moment zu ziehen. Sein Kollege stieg aus dem Streifenwagen und tat selbiges. Mir blieb keine Wahl. Langsam stieg ich aus.

»So, und jetzt die Hände aufs Dach legen!« Er durchsuchte mich und fand meine Kanone.

»Oho! Unerlaubter Waffenbesitz! Wohl auf dem Weißmarkt erworben, was?«

Er warf die Waffe seinem Kollegen zu.

»Das ist meine Dienstwaffe!«, knurrte ich.

»Ah, Sie wollen uns also immer noch schwarzmachen, sie wären Polizist?«

»Hören Sie! Ich verfolge grade den gefährlichsten Drogenbaron des gesamten Weißwalds!«

»... und das ist noch weit untertrieben.«

Wo kam diese dritte Stimme her? Ich fuhr herum. Die Tür des Polizeiwagens hatte sich erneut geöffnet, und zum Vorschein kam ein in Nadelstreifen gekleidetes Bein. Und den edlen Glattlederschuh überdeckte – eine schwarze Gamasche. Wie war das möglich?

»Was hat das zu bedeuten?«, fragte ich.

»*Jeder Mensch ist käuflich, Mahoni. Auch diese zwei Polizisten hier.*«
Don Nerwetter, nun vollständig dem Polizeiwagen entstiegen, grinste mich an. Der hintere der beiden Polizisten gab ihm meine Waffe.

»*Eine schöne Pistole, Mahoni! Von ihr getroffen zu werden, ist bestimmt sehr schmerzhaft.*«

Die Polizisten lachten. Auch sie zogen nun ihre Waffen. Alle drei legten auf mich an. Der Angstschschwarz kroch mir auf die Stirn.

»Damit kommen Sie nicht durch, Don Nerwetter!«, rief ich. »Ich habe bereits Verstärkung angefordert!«

»*Verstärkung, Mahoni?*« Die drei lachten erneut.

»*Vielleicht mit deinem defekten Funkgerät?*«

Verdammt! Ich war ihnen komplett in die Falle gelaufen.

»*Ich will ja nicht weißmalen, aber ...*«, Don Nerwetter entsicherte meine Waffe, »*... für deine berufliche Zukunft, Mahoni, sehe ich weiß.*«

Mein Leben schoss im Zeitraffer an meinem inneren Auge vorbei wie in einem Weiß-Schwarz-Film. Ich sah noch, wie mein Trenchcoat sich blutgrün verfärbte. Dann wurde mir weiß vor Augen.

»Und was geschieht dann?«, fragt der Therapeut.

»Tja, dann wache ich jedes Mal auf und liege schschwarzgebadet in meinem Bett«, entgegne ich.

»Im Prinzip so wie hier jetzt auf dieser Liege.«

»Und das schon seit Wochen?«

»Ja. Jede Nacht. Derselbe Traum.«

»Hm.«

»Herr Doktor, was empfehlen Sie mir? Brauche ich einen Spezialisten?«

»Ja. Sie müssen dringend zum Augenarzt.«

8.
SELBSTLAUTONALITÄTEN

JAROMIR KONECNY
DIE FRAU IN WEISS

Jeden Tag laufe ich an meiner neuen Nachbarin in ihrem strahlenden Weiß vorbei. Wenn sie aus ihrem Briefkasten die **Süddeutsche** zieht. Echt, **Süddeutsche!** ... Eine Intellektuelle! Wie soll ich einer intelligenten **Münchnerin näher**kommen? Wenn du in **München** eine fremde Frau ansprichst, denkt sie gleich, du willst sie zu sexuellen Handlungen zwingen. Da bin ich anders: Ich vergewaltige ihr **Gehör!** Einer deutschen Frau muss ich sofort meine Umlaute präsentieren: **Böllerschüsse, Hängeschränke, Ölgemälde.** Ich bin der Tscheche mit dem **Übeltätergehör**, weil ich die Umlaute nicht nur nicht aussprechen, sondern auch nicht *hören* kann – statt »ä« und »ö« höre ich »e« und kaufe »Mebel« statt die mit dem umlaut**geschmückten** »o« – meine Mebel haben ihr »ö« **vollständig** verloren! Als Tscheche **blödelst** du eine deutsche Frau mit deinen Umlauten immer zu, denn wenn du dir einen deutschen Satz ohne Umlaute **überlegen würdest**, um das **schöne Mädchen zuzublümeln**, **wäre** sie des Wartens **bäldigst überdrüssig** und **längst über** die Hügel, bevor du deine umlautfreien **Überschwänglichkeiten äußern könntest.**
Trotzdem umwarb ich **Dörten** und **Bärbeln** mit Umlautersatz:

Statt »**Hühnervögel**« sagte ich »Huhnvogel im zweifachen Plural«, aus »**Frühstück**« machte ich »Wurscht«, da ich sowieso nur Wurscht **frühstücke**, und als ich mal an der Uni bei der **mündlichen Prüfung** in der Chemischen Technologie sagen sollte, »**Kühlflüssigkeitsüberlaufbehälter**«, sagte ich einfach, »aaah … Scheiß drauf!«, und bekam eine **Fünf dafür**.

Doch wenn du vermeidest, **übst** du nicht! Du musst aber **üben**! Und so beginnst du jede Ansage an eine Frau voll gestresst mit einer **blöden Umlauthäufung**, weil wenn du an einer Falle **vorbeischlüpfen möchtest**, **fällst** du **zwangsläufig** hinein: »Sind Sie eine **Übergrößenträgerin?**«, fragte ich einmal als Werkstudent bei Hertie eine Dame, die nach einer seltenen BH-Variante suchte. Am **nächsten** Tag suchte ich einen Job und durfte endlich zu Hause deutsche Zungenbrecher lernen: »Fromme **Frösche** fressen frische **Frühlingszwiebeln**, aber freche **Frösche** fressen frische **Früchte**.«

Im Tschechischen gibt's keine Umlaute, nur krasse Konsonanten**häufungen**. Nicht so einfach auszusprechende Dinger wie »Angstschweiß« oder »Hirschschnitzel«. Echte Konsonantenbomben, bei deren Anflug aus deinem Hirn sich die Zunge vor lauter Angst wie ein Rollmops rollt: »Strč prst skrz krk!«, bedeutet auf Deutsch: »Steck dir den Finger in den … Hals!« Diesen Satz lernen Kinder in Tschechien schon im Kindergarten, damit sie **später** mit dem harten Leben in der Kneipe zurechtkommen.

Wie sollte ich also meine unschuldweiße Nachbarin mit einer originellen, jedoch umlautfreien Anspielung anmachen? »Mein Buch heißt ›Doktorspiele‹«, sagte ich zu ihr an unseren **Briefkästen** mit dem Blick auf ihre weiße Jacke. »He, he …«

»**Blöd!**«, sagte sie und lief davon. So ist unser Flirt mit einem einzigen Umlaut zu Ende gegangen.

Im **Frühling** attestierte mir mein Nasenarzt eine Allergie, die so krass war, dass sogar zwei Umlaute in ihrem Namen vorkamen. Ich musste zu einem Allergologen. Was für ein Schock erwartete mich jedoch in der allergologischen Praxis: Meine neue Nachbarin. »Was haben wir denn?«, fragte sie mich. Frau Doktor? Deswegen trug sie also Weiß. Scheiße!

»Ich bin Tscheche!«, sagte ich.

»Na und?«, fragte die Frau in Weiß.

»Ich kann keine Umlaute aussprechen«, sagte ich. »Wenn ich Ihnen sage, worauf ich allergisch bin, lachen Sie sicher!«

Ernst blickte sie mich an: »Nein! Ich lache sicher nicht!«

»Ich habe Allergie auf Friühbliüher!«, sagte ich.

»Uaaaaaah!« Nach etwa zehn Minuten lachte die Allergologin endlich aus. »Allergie auf **Frühblüher** also«, sagte sie. »Ich verschreibe Ihnen umlautlose Nasentropfen!«

Doch die **Frühblüher** haben mich bereits in einen **Frühlingsrausch** gekickt: »Gehen wir am Feierabend zusammen essen?«, fragte ich.

»Gut«, sagte sie. »Aber nur, wenn du jetzt schnell meinen Lieblingsspruch sagst: ›Fromme **Frösche** fressen frische **Frühlingszwiebeln**, aber freche **Frösche** fressen frische **Früchte**.‹«

Die anmutige Allergologin glotzte nicht schlecht, als ich den tagelang trainierten Zungenbrecher hinschmiss. »Und jetzt du«, sagte ich: »Třistatřiatřicet stříbrných stříkaček stříkalo přes třistatřiatřicet stříbrných střech.«

»Das ist zu pervers«, sagte sie. »Das muss ich bis zum Abend **üben**.«

»Kein Problem!«, sagte ich, ging raus und ließ mich durch ein **Frühlingsgefühl voller Frühblüher betören**.

BODO WARTKE
LALELILOLU

Ich merke langsam, was ich an Dir habe.
Denn Du hast diese ganz besond're Gabe,
an der ich mich wie Picasso an der Farbe
labe.

Ich merke, wie vor Freude ich erbebe,
wie ich zum siebten Himmel hin abhebe
und dass ich, während ich im selben schwebe,
lebe,

weswegen ich mir gern die Zeit vertriebe,
indem ich nur noch Lieder für Dich schriebe,
weil ich Dich wie die Dunkelheit die Diebe
liebe.

Leider sitz ich grad mal wieder irgendwo be-
rufsbedingt in einer Garderobe.
Glaubst Du, das Schicksal stellt uns auf die Probe?
Ick gloobe ...

Doch morgen drück ich richtig auf die Tube!
Dann kehre ich mit Flugzeugtriebwerkschube
zu Dir zurück in Deine gute Stube
und nehm Dich dann in meinen Arm
und unter die Lupe.

ANDY STRAUSS
O

Ich kaufe ein O
Stelle es in den Schrank
Und nenne ihn Schronk.

Ein A fällt heraus
Ich hebe es auf
Stecke es in die Hosentasche
Nenne sie Hasentasche
Und habe wieder ein O zu viel

Beim nächsten Feuerwerk
Werde ich es in die Luft werfen
Um meinen Jubel kundzutun

OOOOOo.

WOLF HOGEKAMP
SELBSTLAUT BITCH

Bizeps, Trizeps, Muskelstar,
oh, das wird so hart im Haar. Ahh, aa.

Tanzen, reden und Augen wie ein Reh,
oh, dreht sich im Kreis eine Fee. Nee, ee.

EasyJet und Wasserski,
oh, da werd ich nass am Knie. Iih, ii.

One-Night-Stand und Dildido,
On Top ein Fetisch, einfach so. Oh, oo.

Spuk und schluck mein Waterloo,
lutsch mir doch den ganzen Schuh. Puh, uu.

TIMO BRUNKE
ORPHEUS DOWNTOWN

Klingedinggesänge / *Klingedinggesänge*
Dingeklängesingen / *Dingeklängesingen*
Klängedinggesänge / *Klängedinggesänge*
Klängedingesingen / *Klängedingesingen*

Dächerkatzenmiauen / *Klingedinggesänge*
Dächertaubengurren / *Dingeklängesingen*
Dächerkatzenmiauen / *Klängedinggesänge*
Dächertaubengurren / *Klängedingesingen*

Mammadutzilullen / *Klingedinggesänge*
Hoppehoppenritte / *Dingeklängesingen*
Mammadutzilullen / *Klingedinggesänge*
Hoppehoppenritte / *Dingeklängesingen*

Piazzaklanggitarren / *Klingedinggesänge*
Kastagnettenklappern / *Dingeklängesingen*
Piazzaklanggitarren / *Klängedinggesänge*
Kastagnettenklappern / *Klängedingesingen*

Müllermeiermachen / *Klingedinggesänge*
Müller-Meier-Mucke / *Dingeklängesingen*
Müllermeiermachen / *Klängedinggesänge*
Müller-Meier-Mucke / *Klängedingesingen*

Fingerkuppenhuschen / *Klingedinggesänge*
Tönetrefferkitzel / *Dingeklängesingen*
Gitarrenfingerlotto / *Klängedinggesänge*
Fingerpatzerzittern / *Klängedingesingen*

Zickzackgeigenwellen / *Klingedinggesänge*
Klarinettenkeuchen / *Dingeklängesingen*
Töfftöfftöfffagotte / *Klingedinggesänge*
Tuschmetallegellen / *Dingeklängesingen*

Hammondglamourwimmern / *Klingedinggesänge*
Hammondwummerwimmern / *Dingeklängesingen*
Hammondglamourwimmern / *Klängedinggesänge*
Hammondwummerwimmern / *Klängedingesingen*

Leierplatteneiern / *Klingedinggesänge*
Leierplatteneiern / *Klingedinggesänge*
Leierplatteneiern / *Klängedinggesänge*
Hoppehoppenschritte / *Klängedingesingen*

Bossa-Nova-Koller! / *Klingedinggesänge*
Koller-Hossa! Hossa! / *Dingeklängesingen*
Heissassavonsinnen! / *Klängedinggesänge*
Koller-Hossa! Hossa! / *Klängedingesingen*

Dächerkatzenmiauen / *Klingedinggesänge*
Dächertaubengurren / *Dingeklängesingen*
Dächerkatzenmiauen / *Klängedinggesänge*
Dächertaubengurren / *Klängedingesingen*

Mammadutzilullen / *Klingedinggesänge*
Hoppehoppenritte / *Dingeklängesingen*
Mammadutzilullen / *Klängedinggesänge*
Hoppehoppenritte / *Klängedingesingen*

Piazzablättertrippeln / *Klingedinggesänge*
Brunnenzitterrinnen / *Dingeklängesingen*
Piazzablättertrippeln / *Klängedinggesänge*
Brunnenzitterrinnen / *Klängedingesingen*

Wummerkasematten / *Klingedinggesänge*
Boxendonnerwummern / *Dingeklängesingen*
Wummerkasematten / *Klängedinggesänge*
Boxendonnerwummern / *Klängedingesingen*

Gisis-hisis-disis / *Klingedinggesänge*
Geses-eses-ceses / *Dingeklängesingen*
Gisis-hisis-disis / *Klängedinggesänge*
Geses-eses-ceses / *Klängedingesingen*

Tönedannvonsinnen / *Klingedinggesänge*
Tinnituskulissen! / *Dingeklängesingen*
Tönedannvonsinnen / *Klängedinggesänge*
Tinnituskulissen! / *Klängedingesingen*

Disis-ceses-disis / *Klingedinggesänge*
Ceses-disis-ceses / *Dingeklängesingen*
Disis-ceses-disis / *Klängedinggesänge*
Ceses-disis-ceses / *Klängedingesingen*

Tönedannvonhinnen / *Klingedinggesänge*
Klängedannvondannen / *Dingeklängesingen*
Tönedannvonhinnen / *Klängedinggesänge*
Klängedannvondannen / *Klängedingesingen*

Akkulevelsummen / *Klingedinggesänge*
Echozinseszinsen / *Dingeklängesingen*
Akkulevelsummen / *Klängedinggesänge*
Echozinseszinsen / *Klängedingesingen*

Dauerdannvonhinnen / *Klingedinggesänge*
Dauerdannvondannen / *Dingeklängesingen*
Dauerdannvonhinnen / *Klängedinggesänge*
Dauerdannvondannen / *Klängedingesingen*

Klingedinggesänge / *Klingedinggesänge*
Dingeklängesingen / *Dingeklängesingen*
Klängedinggesänge / *Klängedinggesänge*
Klängedingesingen / *Klängedingesingen*

Diesen Text anhören:
www.slamfibel.de/titel12.mp3

9.
L-WORT-VARIATIONEN

HARRY KIENZLER
AN DIE POESIE

Hey, Poesie, was hab ich dir getan?
Ich töte den Drachen und zieh dir den Kahn
durch den Fluss des Vergessens und schau mich nicht um,
ich opfer dir Tinte, Herz und Publikum.
Du schenktest mir Träume, kleine Ewigkeiten,
Sterne, den Weltraum, unendliche Weiten.
Ich selber schrieb zaghaft die ersten Zeilen:
»Ich sitze in Mathe, bin mich am Langweilen!«
Die Totenklage, als mein erster Hamster verschied.
Doch seit ich mich als Dichter für dich entschied,
forderst du immer Neues, nichts ist dir genug.
»Das soll ein Reim sein? Auf ›genug‹ reimst du ›klug‹?«
Dabei kannst du nichts. Ich hab es oft ausprobiert,
hab dich beim Flirten ausführlich zitiert.
»Hey, ich steh voll auf dich, du errätst es nie,
ich rezitier dir jetzt Rilkes erste Elegie.«
Sag mir jetzt nicht, es liegt an meï'm Aussehen,
du taugst einfach nichts, gerade beim Ausgehen.
Oder nachts auf der Straße, vor mir zehn harte Männer:
»Hey, schlag mich nicht, ich bin voll der Heine-Kenner!«
Du lachst vielleicht drüber, doch du hast es leicht

wie ein Sprinter, der sich mit 'nem Faultier vergleicht.
Du lebst ja schon ewig, schon im alten Ägypten
zitierten sie dich, wenn sie Mumien abrippten.
Hast Superschurken redend vernichtet,
als Balladen-Man alle zu Tode gedichtet.
Hab ich einen Aussetzer, sag ich nichts, nada.
Du gerätst ins Stottern und nennst es Dada.
Sag mir doch einfach, wie's bei dir so steht,
nichts zwischen den Zeilen, werd doch mal konkret.
Ich frage: Liebst du mich? Du säuselst vage
vom Herz auf der Waage und der letzten Frage.
Du tust mir gern schemenhaft Wahrheiten kund,
sprich mal nicht durch die Blume, sondern den Mund.
Du entziehst dich und wünschst dir doch immer mehr Gaffer,
Ich schenk dir Edelmetall, du willst 'ne Edelmetapher.
Ich hab viel gelernt von dir, Erziehung pur,
aber jetzt ist es Zeit für die Entziehungskur.
Ich lieg auf dem Sofa und ess Schokolade,
das ist keine Sitz-, sondern 'ne Schreibblockade.
Kaue Chips, schaue Nachmittagsfernsehen,
lese Bild, Bravo und Gala, bis das Verstehen
sich einstellt, und meine Gedanken reichen gerade
zu sehen: An meinem Kinn hängt ein Speichelfaden.
Doch dann kommt mir die Lösung beim Rumvegetier'n
ich muss meinen Anspruch nur mal reduzier'n.
Ich sag einfach bla, bla, irgendwas Palmenstrand,
von 'ner schönen Blume, die zwischen so Halmen stand.
Dann weiter laber, laber, Sterne und Mond
einem Reh, das den Wald da sehr gerne bewohnt.
Keine Ahnung, dies, das, hey, große Liebe,
über die ich genauso gern wie Rosen schriebe.
Will ich witzig sein, hab ich 'nen super Plan,
ich sag einfach: Kennt ihr den? Deutsche Bahn.
Nein, ganz im Ernst, ernst nehm ich nichts mehr.
Bieg ich falsch ab, sag ich: Yeah, Gegenverkehr!

Ich komm gut gelaunt wie das Abgas zum Klima
Schweb wie 'ne Wolke über Fukushima.
Neulich, du warst gerade ausgeflogen,
da hab ich dich mit 'ner Serie betrogen.
Aber keine Angst, ich sing auf sie keine Ode,
war nur so 'ne ganz kleine Episode.
Ich mach es jetzt wie du, nicht mehr Reue pur,
verweist du beleidigt auf den Treueschwur,
dass ich dir versprach, andre nie zu verführ'n,
sag ich: Kann man so oder so interpretier'n.
Ja, auch mich selber, mein Montagsgesicht
verstehe ich jetzt als komplexes Gedicht,
ich schau mich im Spiegel an an schlechten Tagen
und frage: Was will ich der Welt damit sagen?
Und ich bin nicht allein, es starten immer
noch Neue die Laufbahn im Wartezimmer
der Dichtung und hoffen auf ein Rendezvous
mit dir, doch dann hört man ihr Schluchzen: Buhu!
Ich versteh schon: Einer ist dir halt zu wenig.
Du bist zwar uralt, doch noch ganz schön sehnig.
Zur Feier gibt's von mir nicht Torte mit Guss,
doch dein Leibgericht, also Worte zum Schluss:
Lieg ich einst auf dem Totenacker,
wirst du allein mir totem Macker,
nach dem sie sich kein Haarklein bücken,
mit deinem Kuss den Grabstein schmücken.
Dann steht neben der Moosattrappe
im Stein: Hatte 'ne große Klappe,
der Typ hier, dennoch zollt Respekt,
mich, Lyrik, hat er voll gecheckt.

FABIAN NAVARRO
DER EINE SATZ

Ich saß vor einiger Zeit mit meiner Angebeteten betrunken auf einer Treppe im Kiez, und wir wollten klären, was das jetzt zwischen uns ist. Sie drängte mich, dass es doch nur ein einfacher Satz wäre, den ich sagen müsste. Dann wäre alles klar.

Also sagte ich:

»Meine Liebste, wenn es doch nur möglich wäre, einen einzigen Satz, mit den Mitteln, die mir durch die deutsche Sprache gegeben sind, zu konstruieren, um dir zu sagen, was ich an dir schätze und was mir an dir liegt, so würde ich alles in meiner Macht Stehende tun, mich an den Computer oder die Schreibmaschine setzen und mithilfe der altbekannten sechsundzwanzig Buchstaben, die mir das Alphabet an die Hand gibt, ein sprachliches Konstrukt erschaffen, dessen Schriftbild, Formatierung und Gliederung deiner naturgegebenen Anmut entsprechen würde, dessen Buchstaben die Farbe deiner rehbraunen Augen tragen würden und dessen Rhythmik dein Herz so doll schlagen lassen würde, dass es zwar nicht zerspränge, mir aber einen Spalt offen ließe, durch den ich hineinschlüpfen könnte, ohne mit dieser Formulierung jetzt weitere zweideutige Absichten meinerseits kundzutun, obwohl du sicher schon denken musst, dass ich dich, so wie beinahe alle deine vorherigen Liebschaften, nur ›hart ficken‹ will, wenn man mal von dem Schwulen absieht, der dich im Scheinwerferlicht der schäbigen Disco, in welche du dich am zwölften Mai begeben hast, für einen Kerl hielt, sich dann aber peinlich berührt zurückzog, als er in dein verwundertes und bildhübsches, für ihn aber nicht anziehendes Gesicht sah, so verstehe ich mich eigentlich als dein erster wirklicher Verehrer, der mehr in dir sieht als bloß ein biologisches Gegenstück, und wenn ich mir nun vorstelle, ein solcher Satz, den du hier von mir verlangst, könnte all das in Worte fassen, was ich dir bereits seit dem Tag, an dem ich dich durch deine Fenster beim Schlafen beobachtet habe, sagen möchte, und wenn dieser Satz alle Gefühle verbalisieren könnte von dem Zeitpunkt an, als ich über deine Freundin deinen Namen rausbekam und dich bei Facebook addete mit dem großen Gefühl des Zweifels, ob du mich überhaupt als einen virtuellen Freund annehmen würdest, zu dem Tag, an dem wir unser erstes Treffen im Park vor dem Sandkasten, in dem drei Kinder – ein Junge und zwei Mädchen – spielten, hatten, bis zu unserem ersten Kuss unter dem im Nieselregen flackernden Werbeschild eines Sonnenstudios, und wenn dieser Satz sogar eine Methode wäre, auszudrücken, was ich fühle, wenn du dich in meiner unmittelbaren Nähe befindest, dann müsste dieses ungewöhnliche Stück Sprache praktisch alles können, also auch Platz bieten für die vollkommen vom Thema wegführende aber durchaus unterhaltsame Geschichte, die ich kurz einfügen möchte, die von einem alten König handelt, der, als er merkte, dass seine Zeit gekommen war, das Erbe für seine drei Söhne aufteilen wollte und sie alle einzeln zu sich rief, um sich zu erkundigen, was sie sich als Erbe wünschten, woraufhin der erste das Land des Vater erhielt, über welches er nun sieben Jahre herrschte, der zweite alles Gold und alle übrigen Reichtümer bekam, mit denen er sieben Jahre durch das Land reiste und sich an teuren Lokalen und billigen Frauen erfreute, während dem dritten Sohn die Liebe des Vaters ausreichte und er nur die goldene Kette um dessen Hals verlangte, die er im Folgenden niemals ablegte, auch nicht beim Schlafen, der dann, anders als seine wohlversorgten Brüder, eine Lehre bei einem Goldschmied antreten musste, der ihn nach sieben Jahren eines Nachts grundlos bestahl und die Kette des Vaters einschmolz, was dazu führte, dass die Brüder des Bestohlenen wütend auf den dritten Sohn waren, da er es nicht einmal schaffte, auf eine einfache Kette und das einzige Erbe seines Vaters aufzupassen, während sie Ländereien und Reichtümer von ungeheurem Ausmaß verwalteten, wodurch der nun verstoßene Bruder lernte, dass man es auch durch ehrliche Arbeit nicht weit bringt, ja, wenn auch das Platz in dieser von dir ach so gewünschten Aneinanderreihung von Wörtern hätte, dann scheute ich mich auch nicht zu sagen, um jetzt mal wieder zum Thema zurückzukommen, dass jede Stunde meines Lebens vergebens war, bevor du in mein Leben tratst, denn in deiner Gegenwart fühle ich mich verwegen und stark, unterschreibe ich blind jeden Vertrag, führe ich Sprache an die Grenzen des Unmöglichen und das jeden Tag und flüstere mit verlegener Art drei Wörter, die du statt dieses Riesensatzes mit mittlerweile sechshundertfünfundsechzig Wörtern – gezählt bis zur ausgeschriebenen Zahl 665 – hören möchtest, in dein Ohr, und wenn du diese drei Wörter nicht hören kannst, so will ich sie verstärken mithilfe von sechsundsechzig tschechischen Technik-freaks, die sonst Dubstep und Elektrobeats für Schwerhörige auf Crystal Meth und Ecstasy schmieden, um dir eine Vorstellung zu bieten, was ich für dich fühle: Ich liebe dich.«

Sie sagte: »Na also, geht doch.«

GRAMMAR OF LOVE

I.

Es gibt keine Liebesgedichte in der Form Futur II
Und ich glaub, es wird sie nie gegeben haben
Denn dann wär die Liebe in der Zukunft vorbei
Und ein Riss zeigte heute den morgigen Schaden

Die Liebe wäre bald bloß ein Strauß alter Blumen
Der am unteren Ende schon langsam verfault
Das Brot wär' gekaut, und beim Anblick der Krumen
Würde mit der Geliebten auch die Hoffnung vergrault

2.

Auch wählen Poeten beim Erzählen von Liebe
Wirklich selten den trockenen Plusquamperfekt
Es sei denn, die Dichter hatten Sand im Getriebe
gehabt und als Greise den Fehler entdeckt

Die Liebe wär' bloß noch ein Strauß alter Blumen
Der am unteren Ende schon langsam verdorrt
Das Erinnern füllt Herzen zwar noch mit Volumen
Doch ein Foto zu küssen, treibt die Sehnsucht nicht fort

3.

Vielleicht gibt es Liebesgedichte im Konjunktiv
Auch wenn ich das eigentlich wissen müsste
Die Was-wäre-wenn-Liebe wär' jedoch schief
Weil ich nie genau wüsste, ob ich dich je küsste

So klingt mögliche Zuneigung leider nur kläglich
Ganz wie ein Strauß Blumen, den's nur virtuell gibt
Das Eventuelle wäre auf Dauer wohl schädlich
Es würde mit »würde« als Hürde geliebt

4.
Nicht morgen, nicht gestern und auch nicht im Vielleicht
Es klingt schwer grammatisch und leicht konstruiert
Wird die Liebe in Worten von Dichtern erreicht
Das liegt wohl daran, dass sie nur funktioniert

Wenn sie jetzt ist, im Präsens, in diesem Moment
Nicht als Metapher und nicht als ein blumiger Strauß
Bunter Zeilen, sondern nur, wenn sie live ist und brennt
Also Deutschbücher zu, Herz auf die Zunge und aus

TOBIAS GRALKE
FLASCHENPOST

nur ein paar Schritte bis zu diesem Punkt
an dem die See den Weg nach vorn versperrt
an dem der Nachhall einer Zeit verstummt
die nicht mehr ist nur noch beschwert
und wer vergisst verliert ein Stück
wer festhält bleibt am Ufer stehen
wer ziehen lässt der kehrt zurück
und kann an neue Orte gehen

dieser Text ist eine *Flaschenpost*
(geschrieben an Tag 19 nach dem Fall des ewig Gutes Beteuernden)
Louisa
wie vergess ich deinen Blick?
lautmalerisch leichtfüßige
leuchtend und lächelnd erlebte
liebste Louisa
wie vergess ich wer wir waren Louisa
nie vergess ich was wir sahen Louisa
der Anfang:

wir sah'n uns nur kurz verwundert an
dann machten wir uns rasch und konzentriert an unser Werk
wir trugen hundert Bahnen zusammen
Tapete Sperrholz Leim und Herz
für diese Idee zweier Fantasten
dem Vagen vertraut
ein Zimmer aus Worten
in die Lüfte gebaut

und ja ein Wagnis war's das anzugehen
ein Freudenfest doch dann zu sehen
sie trugen

und wir zogen ein und
sprachen uns durch manche Nacht
am Papierlagerfeuer im Dunkeln entfacht
die Geschichten vom Flohmarkt eines jeden Tags mitgebracht
auf der alten Matratze so herzhaft gelacht
wir gaben uns hin und ungefragt her
so viele Lieder gesungen so viele Lieder verehrt
und mancher Moment schien für lange erstarrt
ein Raum in den Lüften den nie ein anderer betrat
umgeben von Schnee doch im Innersten warm
ja nie vergess ich was wir sahen
nie vergess ich wer wir waren
Louisa

doch
seit ich begonnen habe klar zu sehen
ist dieser Ort mir fern wie nie

er ist fast noch so wie du ihn ließt
als du hinausgingst als ich schlief
aber es sind nun mal nur Worte
aus denen dieser Raum besteht:
wenn einer schweigt dann bleibt ein Loch
durch das die kalte Nachtluft weht
und es wird unbequem dort drin

ich schreibe diesen Text noch
damit ich weiß
es sind Erinnerungen

es dauerte lange bis ich endlich verstand
jede Nacht lief ein Stummfilm in dem ich gänzlich versank

so schändlich ertrank
in diesen flimmernden Bildern an der kärglichen Wand
Erinnerung
Erinnerung
Erinnerung

und wenn er aus war dann
sah ich für Stunden noch das Testbild an
und eine Melodie hielt mich wach
ganze Nächte lang
weil jeder einzelne Ton nach Festen klang
auf die ich längst schon nicht mehr ging
in dieser selbstzersetzenden dunklen Zeit
in dieser weltvergessenen Trunkenheit
trug ich mein Herz auf Händen durch die Gassen
bot es gratis auf dem Marktplatz feil
hätt' es jedem klaglos überlassen
der nur bereit war es zu teilen
ich

schreibe diesen Text noch
damit ich weiß
dass es das ist

damit ich weiß
uns ist in jedem Moment ein Aufenthalt gewährt
für diese Dauer die er existiert

doch weil die Welt so fragil ist wie ein Pianokonzert
wenn ein Moment vor dir auftaucht
nimm ihn dir
halt ihn
umarm ihn
aber dann
dann

lass ihn ziehen
müder Mensch wenn du mit deiner Wehmut schwer nur noch
an seinen Flügeln hängst
und auch du willst doch leicht sein
wie lange willst du nach der Zeit schreien
müder Mensch?
steh auf

sagte ich mir und ging

weil ich mein Heil nur noch auf Gleisen find
ja und weil wir auf einer Reise sind Louisa
habe ich diesen unseren Raum verlassen

der Boden knarzte als ich leise ging
doch ich bin angekommen
an diesem Punkt

an dem die See den Weg nach vorn versperrt
an dem der Nachhall einer Zeit verstummt
die nicht mehr ist nur noch beschwert
und wer vergisst verliert ein Stück
wer festhält bleibt am Ufer stehen
wer ziehen lässt der kehrt zurück
und kann an neue Orte gehen

(Geschrieben an Tag 19 nach dem Fall des ewig Gutes Beteuernden
dem Meer übergeben nur kurz darauf)

denn geworfen
geschleudert mit plötzlicher Wucht
steigt dieser Text auf in Höhen
und die gesalzene Luft
und überschlägt sich
und dreht sich

und taumelt bei der Landung kaum
versinkt in Gischt und weißem weißem Brandungsschaum
die Wogen nehmen ihn in sich auf
und tragen ihn zur See hinaus

und dann?
wenn ich mich gleich drehe
weg von euch
dem Ozean der vor mir treibt
und dann an neue Orte gehe
ob er aufbraust oder schweigt
was kümmert's mich?
als ich begriff dass man als Mensch nichts halten kann
da fing im Loslassen die Heilung an

und bis mir dann wieder jemand Neues begegnet
ist von hier jeder Schritt leicht
jeder Weg fest geebnet
denn

ich gab mich hin
und dann etwas her
was mich beschwerte
sank ins Meer

Diesen Text anhören:
www.slamfibel.de/titel13.mp3

10.
ANSAGEPROMPTER

TIMO BRUNKE
AN DIE SCHRIFT (REZITATIV)

Du Plappern im Papier, Quasseln in der Zellulose,
was drängst du dich mir auf,
während mein Ohr noch Ferien hat?
Was raschelst du dich in mich hinein, auf deinem
botanisch-geduldigen Trägermedium?
Was liest du dich in meine Augmuscheln,
dass du das Schweigen optisch brichst,
das ist eine ungeahndete Kriminalität.
Im Blätterwald, da sind die Räuber,
sie heißen Texte und können lautlos reden,
stellen Fallen auf für mein Bewusstsein,
sogenannte Letternbrettergebilde,
Wörter, schwarz wie der Druck.
Habet Acht! Habet Acht!
Löscht alle Lichter,
wenn entblättert Schrift erwacht!
Hörst du sie denn nicht lesen?
Hörst du sie denn nicht stille sein?

ALL DAS SCHRIEB MIR MARIA
(EINE WAHRE GESCHICHTE)

Ende März
Überzog der Raps das Land mit Flicken
Und Bäume atmeten Licht
Aus tiefem Gelb und hohem Blau
Als ich einen Brief erhielt
Von Maria
Die mich nicht kannte
Und ich sie auch nicht

Sie schrieb mir von Noëlle
Ihrer besten Freundin
Eine karibische Schönheit
Von akribischer Klugheit
Die nach Deutschland kam
Um Medizin zu studieren
Sie schwor bei Hippokrates
Einen Eid

Maria war
Ein deutsches Mädchen
Mit dem Cello im linken
Und den Hormonen im rechten Ohr
Denn Pubertät ist ein Vollzeitjob

Da mag man
Hermann Hesse und Yann Tiersen
Und was man alles nicht mag
Passt hier nicht rein

Natürlich konnte Maria
Nicht widerstehen
Wenn Noëlle am Klavier saß
Und mit schwarzen und weißen Tasten spielte
»Comptine d'un autre Été«
Das Wiegenlied eines anderen Sommers
Ganz versunken
Als sei sie auf einer Sightseeing-Tour
In einer anderen Welt

Für einen Moment
Legte Maria ihr Cello aus der Hand
Und lernte Klavier und Versinken

Noëlle brachte Verkäuferinnen zur Verzweiflung
Weil sie niemals zu feilschen aufhörte
Wie sie es von zu Hause kannte
Denn alles war kostbar
Doch Noëlle wollte keinen zu hohen Preis zahlen
Wer in Port-au-Prince nicht handelt
Wird für dumm verkauft

Maria brachte Noëlle zum Lachen
Als sie Auto fuhr
Obwohl sie viel zu jung war
Und als der Sommer endete
Hielt sie Noëlles linke Hand
Als in die rechte der erste Schnee ihres Lebens fiel
Eine einzigartige Flocke
Die zu schnell schmolz

Und Noëlle brachte Maria zum Lachen
Als sie versuchte
Einen Elektroofen anzufeuern
Und als der Tag endete

Buken sie Kekse
Und tauchten
In Meere aus Mehl und Nutella
Die Kekse wurden hart wie Steine
Und waren das Beste
Was sie je gegessen hatten

Und plötzlich sprang die Welt aus der Fassung
Am zwölften Tag des Jahres 2010
Bebte die Erde
Unter dem ärmsten Land der Welt
Noëlles Heimat
Haiti

Eine Nacht weinten sie
Dann brachte Maria sie zum Flughafen
Ihr Eid war nicht der Grund für Noëlles Rückkehr
Sondern der Grund für ihren Eid
Sie wollte helfen
Und so flog sie
Zehntausend Meter hoch
Zwischen Ozean und Sonne
Sie atmete
Tiefes Blau und hohes Gelb

Die Landung war hart
Und sie fand vor sich die Trümmer
Einer Welt
Als sie aus der Maschine stieg

All das schrieb mir Maria
Ende März des Jahres 2011
Denn gerade hatte sie selbst einen Brief von Noëlle erhalten

Noëlle tröstete darin Maria
Mit Ideen, was die beiden machen würden
Wenn sie wieder in Deutschland wäre
Sie wollte mit ihr zu einem Poetry Slam
Zu mir

Maria war fassungslos
Verrückt, wie lange die Post gebraucht hatte
Der Brief war über ein Jahr alt
Geschrieben vier Tage
Bevor Noëlle starb
An einem Virus

All das schrieb mir Maria
Mit so lebendigen Worten
Dass ich sie vor mir sehen konnte
Alle beide
In Mehl und Nutella getaucht
Wie weiße und schwarze Tasten
Schneeflocken fangend
Auf den Lippen
Das Wiegenlied eines anderen Sommers
Dem salzgetrübten Blick trotzend

All das schrieb mir Maria
Mit Worten wie eine Fassung
Aus der die Welt nicht springen kann
Und ich habe mehr über mich
Und das Schreiben
Aus dem Brief einer Sechzehnjährigen gelernt
Als aus hundert Büchern

PAULINE FÜG
SPRECH-AKT

ich will
jedes mal neu sein, das mikrofon sei mein transmitter
hier kommt mein botenstoff für euch

doch: ich will nicht auf druck ausdrücken müssen
was mir so schwer im magen liegt

will nicht
auf fetzenpapier meine gedanken hetzen müssen
ich will kein papiertiger sein
hinter gitterstäben
will ich nicht in dreckigen käfigecken verrecken
kein müder krieger sein

ich werde heute keine großen töne spucken
werde keine zwölftonalen satzgefüge
und pompösen wortgebilde in die menge schleudern
ich werde keine von-mund-zu-mund-gerüchte
hinter eurem rücken verbreiten

lohnt es sich, diesen text zu schreiben
und lohnt es sich zu fragen
ob es sich lohnt, diesen text zu schreiben?
das ist wie: ich bin nicht für den morgen gemacht
und ich bin nicht
für den morgen nach dem morgen danach gemacht

manchmal ist mein schreiben fingerspitzenmord
mich juckt's darin, ich will sie abhacken
und ich will mit amputierten zungenmuskeln
nicht sprechen müssen

doch nur: andere schneiden sich
ich schneid mir den pony ab
andere schlagen die zeit tot
ich schlag mich mit papier ohne zeilen tot
und das tagenächtelang
lechz ich nach dem letzten satzstück
es kam noch nie ein x drin vor, axiome schreib ich nicht
bin tags zu müde, um nachts zu schlafen

als wüsste es jemand besser
mit 'nem messer an der kehle lässt sich's nicht schreiben
weil ich dazu nicht bereit bin, weil ich nicht alt genug bin
um altklug den faden faden im gespräch zu suchen

ich glaub
ich bin
'nen zeilensprung zu weit gegangen
kaue mir die wörter im mund faul
da hilft kein mir-auf-den-rücken-klopfen euerseits
denn ich möchte nichts und niemanden im hinterkopf haben
und wenn ich mich jetzt am mikrofon verschlucke
was passiert dann?

und doch: ich weiß nicht
was es ist, es frisst mich auf, ich krieg's nicht raus

wisst ihr
ich schreie nachts nicht mehr
ich schreie nachts auch nicht mehr als ihr
bin abgebrühter als 'ne pellkartoffel

schäle mir die worte von der zunge
wer kriegt das längste stück
ab
lass
von meinen gedanken

ich heul nicht mehr, ich hab schon lang nicht mehr
unter einfluss von zwiebeln geschrieben

zwischen den zeilen
steht keine zeile
steht kein wort
zu niemandem

ich hab 'ne fragemauer in meinem kopf
'ne leerblockade
elliptisch kalligrafiert

ruf mich an, wenn du dich traust
the person you have called is everytime available

denn
ich will lieber jetzt die wahrheit
und nicht später die um ein paar meter verschobene

und hier
spürst du das, das ist kein raum, das sind vier kammern
und ist es das herz vielleicht?

vielleicht leer
wie 'n berberteppich nach'm staubsaugen
nach welchem kopfmusterbogen soll ich meine silben stricken

ich möchte euch
keine falsche reise verkaufen in hypoallergene keramikwelten
ich bin feindlich gesinnt

als fragmentarischer eisvogel zerfiedert und nicht bruchsicher
versuch ich, uhren in den sand zu zeichnen
ich habe mir den zahn der zeit ausgebrochen dabei

abends schließe ich meine sätze
in glasschränke und verschlucke die schlüssel
ich will euren dietrich nicht

wenn ich dann flieh später
über den fenstersims nach draußen, bin ich wachsam
damit kein schatten auf mich fällt und mich zerbricht

meine damen und herren
es gibt keinen grund zur beruhigung

das ist heute kein neuer text
und deshalb brauch ich auch kein tipp-ex mehr
ich hab einmal alles markiert und dann auf entfernen gedrückt
und das hier blieb übrig
das ist kein text
ich stehe nackt ohne papier vor euch
lass meine hüllen fallen
bin euer sprech-akt

Diesen Text anhören:
www.slamfibel.de/titel14.mp3

ICH WILL NICHT MEHR!

Ich will nicht mehr *geil* sagen. *Geil* ist schon lange nicht mehr cool. *Geil* ist so was von uncool. *Geil* sagen Golf fahrende Bausparer, die sich schämen, dass sie keinen BMW haben und ihr Golf keine Zentralverriegelung hat, wenn sie am Wochenende eine Herrentour machen und ihren Kumpels mit breitem Grinsen Highfive geben oder den hohen Handshake um den Daumen rum – betont männlich. *Geil* schreien sich die Tussen auf Malle zu, wenn sie ein tolles Auto sehen, und *geil* sagen die Weibchen voll schlecht verstecktem Neid beim Alphatiergebalze in Münchens Schickimicki-Club *P1*, wenn ein anderes Weibchen im transparenten Top erscheint, während sie im Hinterkopf Schlampe schreien. Das Wort *geil* ist so was von uncool geworden. Das Wort *geil* geht gar nicht mehr.

Geil war cool, als meine Eltern es mir verboten haben. *Geil* war cool, als *Bruce & Bongo* ihren Hit »*G-g-g-g-geil*« hatten, damals, als Boris Becker zum ersten, zweiten oder dritten Mal Wimbledon gewann, weswegen er auch im Text von »*G-g-g-g-geil*« Erwähnung fand. Obwohl, wer weiß, wie *geil* ich das damals gefunden hätte, wenn ich nicht früher Teenie, sondern schon ein sich für cool haltender Twen gewesen wäre. *Geil* war cool, als man es noch nicht im Klassenzimmer, sondern nur auf dem Pausenhof sagen durfte (»Geil, ey!«), als *Extrabreit* mit »Das ist geil, das ist geil, hurra, hurra, die Schule brennt« beeindrucken konnten. *Geil* war auch noch cool, ja, erklomm gar eine neue Ebene der Coolness, als man Ende der Achtziger begann, es zu superlativieren, indem man das Wort steigerbar machte: Geil, geiler, am geilsten. Und *geil* war sogar noch cool, als man Mitte der Neunziger in Hamburg mit der Frage angeschrien wurde: »Laut, Digger! Wie geil ist das denn?«

Aber das war auch schon der Zenit der Bedeutung und Freshness des Wortes, das letzte Aufbäumen, als es schon am Rumpf rottete und oben noch mal spie, noch einmal ausspuckte und nach dreißig Jahren Slangkultur ein letztes Mal rotzig Größe demonstrierte. Alle Formen und Möglichkeiten, dem Wort noch einmal Glanz zu verleihen, sind heillos ausgeschöpft. *Geil* ist so was von uncool. Ich will es nicht mehr sagen.

Es ist bloß nicht ganz leicht, das Wort so einfach aus dem Sprachschatz zu tilgen, nachdem man es über zwei Jahrzehnte lang benutzt hat. Eine Zeit lang versuchte ich, es durch Adjektive zu tilgen, die noch älter und noch uncooler und zum Teil auch ostdeutscher sind als *geil* und deswegen fast wieder cool: dufte, knorke, urst – *you name it*. Aber dieses Spiel beschert einem immer nur kurz Freude, weil es natürlich manieristisch ist. Nein, es muss ein neues Wort her. *I need a new word*, so wie *Huey Lewis & the News a new drug* brauchten. Ich brauch ein neues cooles Slang-Adjektiv, weil auch *cool* keine Alternative mehr ist, nachdem ich neulich im Fernsehen einen vierundvierzigjährigen Angestellten und seine Angetraute ein Einfamilien-Fertighaus kaufen sah, das sie cool fanden. Ich brauchte ein dopes Adjektiv, ein großes Wort, das nachhallt, ein Idiom von epischer Dimension.

Apropos episch: Einmal traf ich Fuat am U-Bahnhof. Er stand mit ein paar Freunden auf dem Bahnsteig. Fuat ist einer der besten türkischsprachigen Rapper. Das liegt unter anderem daran, dass er tatsächlich ein paar Jahre in der Türkei gelebt hat und deswegen im Gegensatz zu all den anderen Berliner Alemanjes ein großes türkisches Vokabular besitzt. Fuat liebt die Sprache, redet viel, hat aber auch immer was zu sagen, weshalb er schnell spricht. Außerdem hat Fuat immer freshen Slang am Start.
Ich ging also zu Fuat rüber, und er kam direkt zur Sache: »Ey, Yaneq, das ist Boba, den musst du kennenlernen!« Wir schüttelten uns die Hand. »Das ist der Typ, Mann, der sich *Epos* ausgedacht hat! Und *Panzer*! Und *Macht*! Und *Kotze*!«

»Nicht schlecht«, sagte ich und schüttelte anerkennungsvoll Bobas Hand, jetzt ein wenig nachdrücklicher. Mit dem Substantiv *Kotze* hatten Fuats Leute damals Gras bezeichnet. Besonders gutes Gras war *Eposkotze*, das Präfix *Epos* diente also zur Verdeutlichung besonderer Qualität oder Größe. *Panzer* und *Macht* waren ebenfalls Superlative. Ein geiles Lied war *Macht*; ein guter Spruch, ein guter Film, eine Situation, die beeindruckte: *Panzer*. Oder umgekehrt. »Nicht schlecht«, wiederholte ich, Bobas Leistung ehrlich anerkennend.

»Ja, Mann, Yaneq, wir haben voll die Strategie, um die Wörter durchzusetzen, Mann.«

»Ja, echt? Welche denn?«

»Also, zuerst benutzen wir das neue Wort, aber endmäßig, immer und überall, die ganze Zeit, so zwei, drei Wochen lang, und dann ziehen wir das Wort plötzlich zurück. Und drei, vier Wochen später kannst du beobachten, wie überall die Leute anfangen, das Wort zu benutzen. Wie Pilze kommt das hoch, Yaneq.«

»Ist ja geil!«

»Wenn du das Wort zu lange benutzt, Yaneq, und keine Pause machst, dann nehmen die Leute das nicht auf. Man muss Pause machen, dann fangen die an.«

»Genial, Alter«, sagte ich und gab Boba noch einen Clap, was klarging, denn damals machten das noch nicht so viele Mallorcamachomänner.

Später einmal wurde ich Zeuge, wie Fuat mit dieser Strategie ein deutsches Wort in der Istanbuler Hip-Hop-Szene einführte. Wir waren in einem Istanbuler Backstage auf einem Festival, und alles stand um Fuat rum, respektvoll zuhörend, was dieser Mann von beeindruckender Statur mit seiner hohen, energetischen Stimme in Hochgeschwindigkeit mitzuteilen hatte. Fuat hat immer etwas mitzuteilen, weshalb er auch immer unter Strom zu stehen scheint. Fuat ist ein Denker, der die Menschen liebt und die Welt, so wie sie ist, nicht unbedingt. Deswegen spricht er schnell und intensiv, denn es gibt viel zu sagen. Wir stehen also im Backstage, und Fuat erzählt den Leuten irgendwas auf

Türkisch, was ich nicht verstehen kann. Was ich aber verstehe, ist das Wort, das er nach jedem Halbsatz einschiebt. »Ülle gülle trülle teschecke saul, *Alter*, bir yiki ötsch dört besch Tavla, *Alter*, sick dir laaan, *Alter*, ülle gülle fülle Beschiktasch Sic Sac, *Alter*, Federche Airan Kebab Bosporus ülle gülle trülle, *Alter*!«, ganz so wie die Deutschländer halt auch auf Berlins Straßen sprechen (das sagte mir zumindest ein Istanbuler Bürgersjunge mal zu anderer Gelegenheit). Und alle um ihn rum nickten mit dem Kopf und hörten mit großen Ohren zu, voller Respekt für diesen großen Rapper, der von weit her angereist war, um mit ihnen Hip-Hop zu feiern. Keiner hätte gewagt, Fuat zu unterbrechen, aber nach einer halben Stunde nahm sich doch jemand das Herz und fragte ihn: »Fuat, was heißt eigentlich *Alter*?«, und alle anderen waren dankbar für die Frage. Fuat schien kurz erstaunt, alles um ihn rum schwieg gespannt und wollte die Antwort hören – man hätte in diesem Moment die berühmte Stecknadel fallen hören können. Dann sagte Fuat: »Das heißt so was wie Lan oder Onkelchen, *Alter*!«, und alle nickten begreifend: »Aahh!« Ich bin mir nicht sicher, aber kann mir durchaus vorstellen, dass in Istanbul heute noch alle *Alter* sagen.

Ich will nicht mehr *geil* sagen. *Geil* ist schon lange nicht mehr cool, Alter. Ich brauch ein neues Wort, ein neues Adjektiv, so wie *Huey Lewis & the News a new drug* brauchten. *One that don't make sick! One that don't wear off.* Vielleicht fang ich ja mal mit *drug* an. Ich will nicht mehr *geil* sagen, weil die Spießer sich das Wort unter den Nagel gerissen haben, genauso wie sie sich die Tattoos unter die Haut geklaut haben, das war auch mal unsers! Ich will, dass *geil* wieder uns gehört, doch da ich weiß, dass das nicht mehr möglich ist, will ich ein neues Wort. Und da ich weiß, dass die Spießer sich auch das klauen werden, wie die Fußballfuzzis und Friseure sich den Irokesenschnitt gedoggt haben, weiß ich um die Unmöglichkeit des Unterfangens. Man läuft immer nur drei Meter vor dem Spießermeer, das unser Leben bedrängt und doch alle Freshness und Innovation von uns haben will.

Was ist denn bloß der Weisheit letzter Schluss? Was die Lösung? Anzüge tragen und sich gewählt ausdrücken wie die Hamburger *Pudel-Club*-Punks? Quasi das Anderssein durch Affirmation der Mehrheitskultur betonen? Wahrscheinlich schon. Aber dann kann ich ja auch gleich weiter *geil* sagen. Wie scheißlangweilig, Alter.

XÓCHIL A. SCHÜTZ
ICH WILL MEINE SPRACHE ERWEITERN

Mir ist die Sprache zu klein!
Ich muss eine neue stricken,
dabei ist mir nach Töten.

Ich will sie sofort,
nach ihr greifen wie nach Wasser und Waffen,
und sie ist fern, ungreifbar, wie Sterne; und genauso explosiv.

Meine Sprache brennt – Lichtjahre entfernt.
Manchmal glaub ich, im Dunkeln ihr Funkeln zu seh'n.
Aber dann ... ist alles schwarz.

Und ich tret auf Worten herum,
mutier zum Rumpelstilzchen.
Ich tret meine Sprache ein.

Ich reiß meine Füße auf,
mal Zeichen aus Blut, mit den Zehen,
aber nicht zu entziffern, nicht lesbar!

Mir ist meine Sprache zu fein!
Ich trag sie am Hals, eine Stoffserviette, gebügelt und weich.
Ich reiß mir die Sprache ab!

Mich ekelt die Sprache an!
Wie ein Mensch, der mich immerzu anfasst!
Ihr Fettgehalt! Ihr Süßstoff! Ihre Anpassungsfähigkeit!

Ich will töten mit meiner Sprache!
Ich will eine Sprache, die ein Tier ist!
Die reißt, mitschleift, im Maul trägt.

Ich will meine Sprache von ihrem Geschlecht befreien!
Ich will meine Sprache von ihrer Geschichte befreien!
Ich will eine Sprache, die frei macht, nicht freilegt!

Ich will eine Sprache, die ein Instrument ist,
eine Sprache ... zum Operieren!
Nicht gefällig, aber bruchsicher, wenn ich sie fallen lass.

Meine Sprache darf überholt werden.
Meine Sprache muss heute taugen!
Meine Sprache muss fordern, zumindest mich.

Ich bin im Krieg mit meiner Sprache, meine Sprache besetzt mich!
Meine Sprache hetzt mich, ich kollaboriere,
bis ich in den Widerstand geh. Ich bin im Widerstand!

Ich will die Sprache einer Sonnenkönigin!
Aber beherrsche nicht mal mich, bin maßlos.
Ich will ein Sprachmaß finden, das ich füllen, tragen,
aus dem ich trinken kann.

Ich will nicht nachreden, nicht vorreden, ich will jetzt reden!
Ich will meine Fresse nicht halten, weil ich ein Weibchen bin!
Ich will eine Messe halten, auch wenn ich ein Weibchen bin!

Ich will mein Maul aufreißen wie ein Nilpferd!
Ich will Zähne zeigen!
Ich will mir Haare auf den Zähnen wachsen lassen, bis ich Zöpfe
flechten kann!

Ich will Frauen um mich mit Zöpfen an den Zähnen
und eine Party feiern!
Ich will Ärger! Ich will einmal die ganze Welt ärgern!
Und danach drüber lachen!

Ich will keine neue Sprache!
Ich will anbauen an meinen Sprachbau!
Ich brauch einen Kraftraum! Eine Gummizelle! Mit Sandsack!
Meine Sprache will boxen!

Ich will eine Sprache,
die ihren Mann steht, und dabei ganz Frau sein!
Ich will kein schwaches Geschlecht sein!
Nur öfter mal schwach werden ...

Ich will Männer das Fürchten lehren – und das Lieben.
Am liebsten Männer um die achtzehn!
Jaaaa ...

Ich will eine Sprache, die nicht in die Knie geht.
Ich will eine Sprache, die auf die Knie fällt, um zu huldigen
– wenn es Grund gibt dazu.

Ich will eine Sprache, brauchbar, sich zu entschuldigen
– wenn es Grund gibt dazu.
Ich brauch eine Sprache, mit der ich leben kann!

Ich will eine Sprache, mit der ich weben kann.
Ich will meine Sprache erheitern!
Ich will meine Sprache erweitern!

SOPHIE PASSMANN

»DIE ZUNGE EINER DAME SOLLTE DREI PFÖRTNER HABEN: IST ES GUT? IST ES WAHR? IST ES NÖTIG?«

Sprich.

Denn unsere Zungen haben Jahrzehnte nur an unseren Gaumen geklebt.

Mit aller Inbrunst und mit allem Herzblut, das dir zur Verfügung steht: Sprich.

Vergiss die Konzeptblätter, deine Redezeiten, Etikette und müde gesetzte Small-Talk-Themen.

Vergiss die Debattierklubs, in die du nicht reindarfst, weil du zu oft Röcke trägst.

Wir legen da Wert auf Tradition.

Wenn du sprichst,

Erinner dich mit jedem Wort,

Dass pro Wort

Mindestens ein Mann irgendwann

Seinen Kopf lassen musste.

Oder den sorgsam gestärkten Kragen.

Oder den schönen Platz im Ledersessel im obersten Stock.

Sprich unverschämt,

Aber nie ganz ohne jeden Bedacht.

Vergiss Zeilensätz, und jeden Diskussionscomment,

Denn wenn du sprichst, musst du Jahrzehnte Schweigen aufholen.

Du hast noch die Fehltritte, die Schreie,

Die Floskeln deiner Mütter und Großmütter gut.

Für die darfst du heute zu laut sein und zu viel sagen
Und das Falsche,
Sowieso.
Denk an keinen Goethe, nicht an staubig verklebte Hymnen,
An pathetische Schwüre, gewidmet den Ländergrenzen,
Die mit einer Faust am Degen in die bierschwangere Luft gebrüllt.
Vergiss die tiefen Männerstimmen, sie lähmen nur.
Verlass dich nicht auf die Ahnen, auf starke Weiße,
Mit Schärpe und Monokel dekoriert,
Die tagelang nur darüber sprachen,
Wie man am besten Kriege verliert.

Wenn du sprichst,
Dann sprich dich in Rage,
Bis das Blut in den Adern pulsiert,
Bis die schöne Schminke verwischt,
Deine Haare in Strähnen auf der schönen Stirn liegen
Und niemand mehr von dir sagt,
Du seist

So schön wie der Himmel tiefblau

Du hast erst dann genug gesprochen,
Wenn dein Gegenüber den Glauben verliert
An die Schweigsamkeit
Der netten, höflichen Frau.

Und wenn du sprichst, dann sei dir sicher,
Dass du dich nicht schämst, wenn dich jemand zitiert.

Wenn du sprichst, dann sei dir sicher,
Dass es weder gut
Noch wahr
Noch nötig ist.
Wir legen da Wert auf Tradition.

11.
WECKRUFSERVICE

TOBY HOFFMANN
KLEINES MANIFEST

1

diese schrift sucht nicht nach einer auflösung
weil: auflösungen sind langweilig
pointen der letzte dreck

euren sogenannten humor könnt ihr behalten
verblödet euch bitte unter euresgleichen

vielleicht erscheint in diesem text ein hardcore-sänger
und er wird brüllen:
»i hate my parents / i hate the police
i hate all governments and the values they stand for
i hate your hate / and i hate fun«

2

wenn sich wieder einer betroffen gibt
während er freigetränke verzehrt
wird dieser text die frage stellen:
»was soll die scheiße eigentlich?«

3

den freien willen gibt es hier leider umsonst
und das hirn ist nur ein bonus

»weißt du
in erster linie
geht es mir um die community«

»schon klar
so hört sich der dreck ja auch an
den du schreibst«

4

hier werden keine skurrilen geschichten erzählt
da und dort ein kalauer muss erlaubt sein – okay
»der geist ist heil und die gedanken sind brei«

diese zeilen sind angepisst
sie sind nicht dein freund
sie denken sich:
ich hau dir aufs maul

ich bin der geschichten müde
bleib mir weg mit deinen ideen
diese visionen sind so öde

5

hier gibt es keine dumpfe empörung
keine sonntagsreden von besoffenen
akademikersöhnen und -töchtern

was dies hier zum beispiel nicht ist:
keine leserbrief-problem-prosa
eines kleingeistigen kleinstadtbewohners /
einer kleingeistigen kleinstadtbewohnerin
mit vorliebe für verschnörkelte
atemlose
schachtelsätze

6

die figuren in diesem pamphlet
werden wachsam sein
ihre gehirne füttern
und versuchen
sich nicht allzu sehr
vom system ficken zu lassen

7

und doch: es wird einer kommen mit einer botschaft
die da lautet: »liebe frieden heiterkeit«
und ein anderer wird auf den boden spucken und sagen:
»wer botschaften hören will
der soll in die kirche gehen«

8

die frage: »ist das hier ein gedicht?«
beantwortet dieses gedicht gerne
draußen vor der tür
mann gegen mann

9

diese sätze verabscheuen die mitte
denn das schlimmste ist der durchschnitt
mittelmaß ist der tod

10

vermutlich wird sich dieser text nicht mehr
zu einem gassenhauer aufschwingen
auch brinkmann-verweise und durchhalteparolen
werden ihm nicht helfen können

er wird ganz leise in ein flirrend-pulsierendes nirwana eingehen
und seine letzten worte werden beiläufig hingeschrieben sein

MACH MAL 'NEN PUNKT

Das ist für die Ritter des Morgens, die sich in den Labyrinthen aus Stühlen und Tischen tapfer und täglich mit Stiften dem Endgegner Lehrkörper stellen,

Die die Schulbusse bändigen und auf ihnen ins Ungewisse reiten,

Die kiosküberfallenden Pausenbanditen auf ihrer Jagd nach fünfzehn Minuten Ruhm in den Freiräumen zwischen zwei Doppelstunden,

Für die bis zum Hals mit unvollbrachten Wundern geladenen Lebenszeitbomben,

Für die Piraten und Piratinnen auf den Papierozeanen in den Dierke-Atlässen,

Für die, die gelernt haben, dass die Mehrzahl von Atlas *Atlanten* ist,

Die Hitzefreiheitskämpfer und Referendarsdompteure,

Die verwegenen Spickzettelspione und Nachhilfehelden,

Die Glaubenichtse,

Die Reclamrekruten,

Das ist für dich, wenn du glaubst, dass Gedichte nur vergilbte Gedanken toter Senioren aus trockener Tinte auf Papier aus toten Bäumen in den Schränken deiner Schule sind.

Dann mach mal 'nen Punkt.

Nimm dir einen Stift, und mach mal 'nen Punkt.

Deinen ganz eigenen Punkt. Deinen Ausgangspunkt, der Anfang des nächsten Satzes, an dessen Ende ein neuer Punkt steht, an dessen Ende ein neuer Satz steht, an dessen Ende ein neuer Punkt steht, an dessen Ende ein neuer Satz steht, so wie der Mond einen Punkt hinter jeden Tag macht und die Sonne einen Punkt hinter jede Nacht macht. Bis der Mond wieder einen Punkt hinter den Tag macht, bis die Sonne wieder einen Punkt hinter die Nacht macht.

Mach mal genau so einen Punkt.

Weil jeder Punkt in einem Text dein persönlicher Mini-Urknall ist, der ein Universum schafft, mit einem Sonnenssystem aus Grammatik, in dem Planeten aus Worten um eine Sonne aus Poesie kreisen, und in einem kleinen Raumschiff aus Fantasie sitzt ein Alien namens »Wahnsinn« und winkt dir freundlich zu.

Mach mal einen Punkt für all die ungedachten Ideen, die unaufgeschriebenen Wörter und die unausgesprochenen Sätze und die unglaublichen Geschichten, die sich in deinem Kopf stapeln. Lass sie bitte nicht verstauben.

Und darum mach mal 'nen Punkt, weil Gedichte Graffiti hinterlassen, in Neonfarben auf deinen Gehirninnenwänden, die täglich von Sorgen und Problemen grau überstrichen werden. Aber. Du. Hast. Mehr. Farbe.

Mach mal 'nen Punkt, denn Schreiben ist kostenloses Achterbahnfahren auf den Windungen der Buchstaben, ist wie stundenlanges Kreiseln in der Innenseite des Buchstaben O in der Mitte des Wortes »Wow«.

Mach doch einfach mal 'nen Punkt, und kletter mit einem Seil aus ineinandergehakten g's auf den Gipfel eines A's, und rutsch auf einem rollenden R wieder runter. Hol ein D aus deiner Tasche und halt dich an seiner geraden Seite fest, bis sich sein Bogen im Wind bläht und du abhebst. Lande auf einer Wiese, und melk dir in ein U eine Extraportion Milch aus einem frei laufenden Q.

Mach mal 'nen Punkt für den Style der Zeilen. Für die supersweeten »Hab dich ganz doll lieb«-Softie-Sätze mit den Smileys auf den T-Shirts, und mach mal 'nen ganz dicken Punkt für die ganz üblen Text-Typen mit den ganz starken Verben und den tätowierten Ausrufezeichen.

Mach mal 'nen Punkt und dann daraus ein Fragezeichen, das Schweizer Taschenmesser unter den Satzzeichen, dein Helfer in allen Lebenslagen. Halte deine Fragezeichen stets sauber, griffbereit und geladen, und frage schneller als dein Schatten.

Mach mal 'nen Punkt, denn genau mit diesem Punkt fängt das Wort »ich« an, und genau darum geht es hier: um dich.

Mach mal 'nen Doppelpunkt, weil die Welt vor dem, was kommt, den Atem anhält.

Mach mal 'nen Punkt für die Poetry des Pythagoras, »a^2 plus b^2 gleich c^2«, denn Mathe ist auch nur Poesie, in der sich Zahlen und Buchstaben vereinen, und das richtige Ergebnis ist, wenn sich am Ende die Zahlen reimen.

Mach mal 'nen Punkt für den Poesiesportunterricht, wenn dein Stift galant über das Spielfeld gleitet, zwei Rechtschreibfehler ausdribbelt, schießt und trifft, und das ganze Stadion ruft »Reim! Reim! Reim!«

Mach mal 'nen Punkt für mich, weil ich es früher selbst nicht besser wusste und in der Grundschule dem Mädchen, in das ich verliebt war, einen Stein aus meiner Steinsammlung schenkte, statt es wenigstens mit Poesie zu versuchen.

Mach mal 'nen Punkt, weil jeder Reim einem RTL2-Redakteur einen Pickel auf der Stirn wachsen lässt,

Weil in dieser Welt voller Emoticons sich mal wieder jemand um die echten Gefühle kümmern muss,

Weil die Xavier Naidoos und Tim Bendzkos nicht gewinnen dürfen,

Weil du gebraucht wirst,

Weil du es wert bist,

Weil wir Leute brauchen, die diese Aufzählung weiterschreiben,

Weil ich jetzt nicht mehr kann,

Und jetzt kommst du.

Punkt

PUNKT

In meiner Straße hängt ein Media-Markt-Plakat: »*Mehr Klingel Klingel für weniger Pinke Pinke.*«

Völlig fassungslos stehe ich davor: Nicht, weil mich die Hirnlosigkeit dieser Werbung für Mobiltelefone überraschte. Nein, mit einer morbiden Faszination für Sprachverfall kam ich nicht umhin zu registrieren, dass hinter »*Mehr Klingel Klingel für weniger Pinke Pinke*« noch etwas kam: ein Punkt.

Als ob das davor nicht verbale Jauche aus den Ställen stinkender Werbeagenturen wäre, sondern annähernd so etwas wie ein vollständiger Satz, stand dort ein Punkt.

»*Mehr Klingel Klingel für weniger Pinke Pinke.*« Punkt.

Was sind das für Menschen, die diese unerträgliche Sprachgülle, die bei bloßer Lektüre schon die Bindehaut von den Augäpfeln ätzt, noch mit dem vollendetsten aller Satzzeichen abzuschließen wagen? – Dem Punkt.

Wollt ihr etwa demonstrieren, ihr seid *doch* nicht blöd? Ihr könnt sogar Grammatik?

Ich sehe gerade den kleinen Angestellten der Münchner Werbeagentur redblue vor mir, die auch dieses Plakat verzapft hat, wie sie schon ganz Deutschland mit »Soo! Muss Technik«-»Bin doch nicht blöd«-Reviermarkierungen vollgepisst hat.

Nennen wir diesen bedauernswerten bajuwarischen Sprachpanscher der Einfachheit halber mal Werbefuzzi. Werbefuzzi hat gerade »*Mehr Klingel Klingel für weniger Pinke Pinke*« aufs Papier geschissen, und weil sein kleines Näschen vom Koks noch nicht ganz zerfressen ist, fallen seinen letzten paar Riechrezeptoren auf, wie übel das da auf dem Blatt vor ihm stinkt, und in einer klitzekleinen, wenig benutzten Region seines Hirns regt sich ein My an Konrad-Duden'schem Gewissen. Und was tut unser kleiner Werbefuzzi nun? Er knüllt nicht etwa dieses Blatt zusammen und frisst es auf, damit diese Wortkombination in eben jene Gedärme zurückwandert, aus denen sie hervorgepresst wurde. Nein! Werbefuzzi setzt hinter seine sieben Krümel Sprachkack noch einen kleinen, feinen, runden Punkt.

Wer nach so einem Sprachdreck einen Punkt setzt, der glotzt auch nach dem Rotzen neugierig in sein Taschentuch. Ach was, wer hinter diesen Verbalkehricht einen Punkt zwingt, der drückt die Hälften seines Taschentuchs noch ganz bewusst aufeinander, faltet sie sorgsam auf und zeigt sie im Büro herum: »Guckt mal, 'n Zitronenfalter!«

Dann postet er das Bild bei Facebook, und zwanzig anderen Werbefuzzis gefällt das.

»*Mehr Klingel Klingel für weniger Pinke Pinke*« hat aber gar keinen Punkt verdient! Da *darf* nicht mal ein Punkt stehen, denn weder handelt es sich um einen »abgeschlossenen Ganzsatz« noch darf ein Punkt »nach freistehenden (vom übrigen Text deutlich abgehobenen) Zeilen« gesetzt werden. Tja, Werbefuzzi, da ist dein Grammatikwissen wohl doch auf irgendeinem Toilettenspiegel in einem Münchner Club verblieben. Du bist eben *doch* blöd!

Und ich habe Mitleid mit diesem Punkt, dort auf verlorenem Posten, direkt an der Klippe zur schier unendlichen Sprachmüllkippe der Zivilisation.

Ich stehe vor diesem Plakat und möchte in alle Welt rufen: »**Macht doch mal keinen Punkt!** Tut nicht immer so, als würdet ihr Sätze produzieren!«

Ich lese die Modeseiten im Musikmagazin Intro: »*Nach Patty und Stüssy ist CLOT der dritte Kollabo-Partner von Converse, der sich an den ›First String‹-Modellen austoben darf. Auch bei dieser Zusammenarbeit wurden die High- und Low-Versionen des Pro Leather vom Feinsten überarbeitet. Als Upper wurde das CLOT-Signature-Canvas verwendet.*« – Hä? Verdammt, ich habe neunzehn Semester studiert und einen Abschluss in Linguistik und nicht den Hauch einer Ahnung, was mir da gesagt werden soll.

»Neben den Schuhen werden im November auch zwei T-Shirts erscheinen.« Ach so! Es geht um Schuhe! Die irgendwann »erscheinen«. – Seit wann *»erscheinen«* Schuhe?

»Wer Ohren hat zu hören, der höre. Denn siehe, ich verkündige euch große Freude! Ich habe den Schuh gesehen! Fürchtet euch nicht! Er trat unter uns als Kollabo-Partner, und ihr erkennt ihn an seinem Upper!«

Macht doch mal keinen Punkt! Die ganze Intro-Modeseite hat keine Punkte verdient.

»Von wegen tote Hose! Replay Social Denim hilft bei der Interaktion mit dem Freundeskreis via Facebook. Replay verwandelt damit die Jeans in einen Social Aggregator.« Worum geht's? Diese Jeans hat eine extra Tasche fürs Handy. Wahnsinn! Für nur *»149 bis 189 Euro«*.

Macht doch mal keinen Punkt! Das sind keine Sätze, das ist geistlose Sprachersatzmasse, ein geschmacklos zusammengequirlter Brei aus drei gleichen Anteilen Deutsch, Englisch und Werbisch. Wenn diese Zeilen eine Mahlzeit wären, wären sie westfälischer Wurstebrei, und das schmeckt, wie's klingt.

Macht doch mal keinen Punkt!

»Verehrte Fahrgäste. Dieser Zug hat zurzeit dreißig Minuten Verspätung aufgrund von Verzögerungen im Betriebsablauf.« **Macht doch mal keinen Punkt!** Was ist denn das für'n Satz! *»Verzögerungen im Betriebsablauf«*, was heißt das denn anderes als »Wir haben gebummelt.«? Ergibt also: *»Dieser Zug hat zurzeit dreißig Minuten Verspätung aufgrund von Verspätung.«* »Verspätung« und »Verspätung« kann man gegeneinander wegkürzen, das ist Mathematik, übrig bleibt: *»Dieser Zug hat zurzeit dreißig Minuten.«* – Was ist denn das für 'ne Aussage!

Macht doch mal keinen Punkt!

Sagt irgendein Manager von General Electric: *»Wir gehen immer mehr dazu über, statt Produkten Lösungen zu verkaufen.«* **Macht doch mal keinen Punkt!**

»*Wieso wird man festsitzenden Husten so schlecht wieder los? Schuld sind Schleimmonster.*« **Macht doch mal keinen Punkt!**

Sprache ist ein Gefäß, in das man jede Grütze abfüllen kann, aber **macht doch mal keinen Punkt!** Dann kann man hingehen, reingreifen und aus dem gleichen Sermon neue Sätze basteln, die vielleicht etwas zu sagen haben:

»*Verehrte Fahrgäste, wir gehen immer mehr dazu über, Verspätungen als Produkte zu verkaufen.*« Punkt.

»*Als Lösung bei mehr Verspätung muss weniger Pinke Pinke erscheinen.*« Punkt.

»*Wieso wird man festsitzende Manager so schlecht wieder los? Schuld sind Schleimmonster.*« Punkt.

Das sind Sätze, das sind Aussagen. »So muss Sprache« – und zwar aussehen. Deshalb **macht doch mal keinen Punkt!**

Denn wo die Gedanken nicht mehr dicht sind, hilft auch kein Punkt mehr, sie ordentlich zu schließen.

Punkt.

SVENJA GRÄFEN
SPRACHLOS

Wort – Schlag – Wort – Schlag – Wort – Schlag
Wortkarg und schlagartig ebben Gespräche ab
Statt wortmächtig und schlagfertig hältst du dich ziemlich knapp

Statt Sätze zu sagen, die sich ins Hirn tätowieren, die dann im Takt
des Bluts ewig weiterpulsieren
Blubbern Blasen und Phrasen ohne Inhalt und Einhalt

Wenn Gesprächsfetzen nur noch in Weingläsern schwimmen
Und leere Geschichten im Zigarettenqualm verglimmen
Dann frag ich mich manchmal, warum wir noch reden, wenn wir
doch eigentlich sprachlos sind

Werfen uns Worte an den Kopf, deren Sinn wir nicht verstehen
Reißen Themen an, um dann unsere Prinzipien zu hintergehen
Schlagen uns Sätze um die Ohren, deren Bedeutungen Rätsel blei-
ben
Und trinken und rauchen und könnten auch schweigen

Wir sind sprachlos geworden
Unsere Hirne drehen sich um sich selbst
Wir sind allwissend und nichtssagend
Suchen händeringend nach Antworten und kennen nicht mal die
Fragen
Wir führen nicht ein Gespräch, sondern fünf
Und keins so richtig
Wir reden von großer Zukunft

Und haben eigentlich nur einen Drei-Punkte-Plan: Pünktchen, Pünktchen, Pünktchen

Wir feiern bis zur Besinnungslosigkeit, und das erzählen wir
Weil man das so macht
Wir leben in pulsierenden Großstädten, und das erzählen wir
Weil man das so macht
Wir ziehen Substanzen durch die Nase, deren chemische Zusammensetzung wir nicht erklären könnten
Weil man das so macht und weil ja auch alle davon reden

Wir sind sprachlos geworden
Sprachlos und rastlos und ratlos

Gedankenverloren verlieren Worte ihren Sinn
Gedanke verloren, kaum raus und wieder drin
In der Konversation
Ist ja nicht so schwer, da hinterherzukommen
Wort – Schlag – Wort – Schlag – Wort – Schlag – Wort – Schlagkraft
und Wortwahl, Schlagzeilen und Fortfahren
Schlagartig im Wortwahn
Beschlagnahmter Wortstamm
Schlagartig wortlos
Wortwörtlich geschlagen
Mitten im Wortgefecht Totschlag

Wenn Gesprächsfetzen nur noch in Weingläsern schwimmen
Und leere Geschichten im Zigarettenqualm verglimmen
Dann frag ich mich manchmal, warum wir noch reden, wenn wir doch eigentlich sprachlos sind
Dann frag ich mich manchmal, ob alle Worte aufgebraucht sind
Alle Satzstrukturen vergeben
Ob klischeeüberbackene Phrasen alles sind, was wir uns noch zuwerfen

Dann halt ich mich raus und halt's nicht durch
Ich wache auf und träume weiter
Nehm Stufe um Stufe auf dieser elendigen Leiter
Und kann den Weltgeist nicht finden
Ich kann ihn noch nicht mal mehr erahnen

Weil das, was ich als Welt betrachte
nunmehr Illusionen weicht
Und das, was ich als Geist erachte
mehr dumpfen, dummen Floskeln gleicht

Selbstfindungstrip in Indien
Endlich einen 400-Euro-Job
Wir sind eigentlich voll verliebt und so, aber 'ne richtige Bezie-
hung, dafür sind wir einfach zu – flippig
Unsere Generation ist da ja sowieso total anders
Pass auf, das Gras, das wirkt mehr so smooth, erst mal, und dann
denkst du erst, nee, das bringt's nicht, aber dann wird's total deep,
und man wird ultrahigh!

Es interessiert nicht. Es interessiert nicht. Es interessiert nicht.
Es interessiert

Nichtssagend und allwissend
Angefangen und gleich wieder aufgegeben
Wer den Anfang nicht beherrscht, muss nicht nach Höherem streben
Angekommen und gleich wieder abgehauen
Wer Wurfzelte hat, muss keine Häuser bauen

Wer ständig bloß Thesen seiner Coolness aufzählt
Und nicht irgendwann mal ein Thema auswählt
Der ist doch selbst schuld

Ein Rückschritt ist besser als gar keiner
Doch die Schritte nach vorn werden stetig kleiner

Und so gut ist es auf Dauer dann auch wieder nicht
Immer bloß rückwärts zu gehen

Buchstabe, Silbe, Satzkonstrukt, Buchstabe, Silbe, Satzkonstrukt
Was fehlt, ist das zu ergebende Endprodukt
Lass die Buchstaben weg, das ergibt mehr Sinn
Deinen Sätzen fehlt die Substanz
Deinen Gedanken fehlt der Gedankengang
Deiner Logik die Konsequenz
Selbst deinem Pathos fehlt die Überzeugung
Wenn Gesprächsfetzen nur noch in Weingläsern schwimmen
Und leere Geschichten im Zigarettenqualm verglimmen
Dann frag ich mich, warum wir überhaupt noch reden, obwohl wir
doch eigentlich sprachlos sind
Auf jedes Ehrenwort folgt ein Schlagloch
Wort. Schlag. Wort. Schlag. Wort. Schlag. Wort. Schlag.
Finde Worte
Und bastle einen Satz draus
Ein Satz, der sich ins Hirn tätowiert und im Takt des Bluts ewig
weiterpulsiert
Und bis es so weit ist – trinke und rauche und schweig einfach

12.
ANTIKOMMUNIKATION

ALEX BURKHARD
VON PROFESSOREN FÜR PROFESSOREN

»Der Imagerie differentieller Epiphanien ist Ikonoklasmus eingezeichnet, sie kennt weder sakrales Leuchten noch Lichtung noch
profane Erleuchtung.«
Diesen Satz habe ich in den letzten fünf Minuten ungefähr elfmal
gelesen. Verstanden habe ich ihn immer noch nicht.
»Der Imagerie differentieller Epiphanien ist Ikonoklasmus eingezeichnet.«
Ich suche Imagerie bei duden.de. »Imagerie? Meinten Sie
›images‹?« Ich rufe einen Freund an, der gerade seinen Doktor in
Germanistik gemacht hat. »Imagerie? Meintest du ›Margarine‹?«
Gut, ein Doktor ist halt kein Professor. Kann ja nicht jeder alles
verstehen.
»Der Imagerie differentieller Epiphanien ist Ikonoklasmus eingezeichnet.«
Mit Leo und Wikipedia wörtlich hergeleitet ergibt sich ungefähr:
Der Bildherstellung unterschiedlicher Gotteserscheinungen ist
die Zerstörung heiliger Bilder eingezeichnet. Wenn man es dann
noch verständlich auszudrücken versucht, ergibt sich ungefähr:
Wenn man Bilder verschiedener Gotteserscheinungen herstellt,
ist die Zerstörung dieser Bilder vorprogrammiert und quasi schon
bei der Herstellung klar. Weil man ja kein Bildnis machen soll.

Oder so. – Das hat mit dem Thema des Aufsatzes jetzt nicht so viel zu tun. Obwohl ich mir da nicht sicher sein kann, denn wirklich verstanden habe ich den Satz nicht.

»Ah ja«, sagt der Professor, als er das Kapitel überfliegt, »Heterotopie, Kierkegaard, im Sinne Roman Jacobsons die syntagmatische Achse paradigmatisiert ... guter Aufsatz, ganz hervorragender Aufsatz.«

»Ja«, sage ich, »das ist wirklich sehr beeindruckend, was Sie für Wörter kennen!«

Ich habe seine Sprechstunde aufgesucht, um mir den Satz »Der Imagerie differentieller Epiphanien ist Ikonoklasmus eingezeichnet« erklären zu lassen.

»Kataphorisch, Spatialisierung, Serialität«, liest er stattdessen einfach weiter.

»Serialität ist auch so was, was ich nicht verstehe«, sage ich, aber er beachtet mich gar nicht.

»Movens, Stimuli, affizieren«, sagt er in Gedanken versunken und beginnt, sich mit der Hand auf der Brust umherzufahren. Er scheint vergessen zu haben, dass ich anwesend bin.

»Wenn diese Nichtlinearität gleichwohl sukzessiv an Dichte gewinnt, so verdankt sich das nicht einer sie über- oder unterspannenden syntagmatischen Sujetfügung ...«

»... sondern der vektoriell inversen Entfaltung des Textraums«, falle ich ihm ins Wort. Diesen Satz könnte ich vermutlich kopfüber mit einem Stahlseil an eine Achterbahn gefesselt sagen, während mir ein dressiertes Zebra auf dem Sitz neben mir abwechselnd eine reinhaut und ins Gesicht kotzt. So oft habe ich ihn gelesen. Verstanden habe ich ihn ungefähr genauso gut wie die Zebrasprache. »Aber das mit dem Ikonoklasmus, könnten Sie mir das vielleicht noch mal ...«

»Breton huldigt einer missverstandenen Authentizität des freudschen Tiefen-Ichs«, versucht er mich zu verführen. Seine Hand gleitet mittlerweile seine Schenkel entlang.

»Heidegger und Benjamin haben Sie auch noch in den Absatz gebracht«, sage ich, »vergessen Sie mir bitte Benjamin nicht.«

»Ja klar. Heidegger, Benjamiiiiin«, stöhnt er mehr, als er es sagt.

»Ja, sieben Namen in vierzehn Zeilen gedropt. Wenn das nicht Wissenschaft ist.«

»Freud, Bretooooon.«

»Soll ich Sie vielleicht ein paar Minuten alleine lassen?«, frage ich.

»Kant, Kant, Kant«, kommt es aus dem Ledersessel, »Foucault, Fouuuuhh-cauuuuuult, Rousseauuuuuu.«

»Stimmt, Rousseau hatte ich ganz vergessen«, sage ich.

»Ach, Schätzchen«, sagt er und zündet sich eine Zigarette an.

»Wenn das jeder durchschnittlich Gebildete lesen könnte, könnten wir uns mit dem Elite-Uni-Zertifikat den Arsch abwischen.«

»Ha! Arsch!«, sage ich. »Sie haben Arsch gesagt! Wo kam das denn her? Und warum steht das in keinem Ihrer Aufsätze? Ernsthaft, warum können das denn nicht mal ganz normale Wörter sein? Wie soll ich denn die Gesamtbedeutung eines Aufsatzes erfassen, wenn ich jedes dritte Wort nachschlagen muss?

Wahrscheinlich schreiben Sie nur deshalb so kompliziert, damit Ihnen niemand nachweisen kann, wie viel Bullshit Sie eigentlich verzapfen. ›Ich verleihe Ihnen hiermit die Professorenwürde, herzlichen Glückwunsch. Ich konnte keine Ihrer Thesen widerlegen – denn ich habe sie nicht verstanden.‹

Und ich weiß schon«, rede ich mich in Rage, »ja, ich weiß schon, Elite-Uni, ja, mein persönliches Problem, da muss ich jetzt keine polemischen Texte drüber schreiben. Aber ganz ehrlich, unter uns: Was ist es? Bekommen Sie für die Veröffentlichung weniger Geld, wenn Sie deutsch schreiben? Werden Sie nach fucking Fremdwörtern bezahlt? Haben Sie und Ihre Kollegen irgendeinen perfiden Club gegründet, um uns irgendwas heimzuzahlen? Sind diese Aufsätze die Strafe für das schlampige Handout, das ich im dritten Semester mal abgegeben habe?

Oder kommen solche Wörter ab einem gewissen Niveau automatisch? Och Gott – werde ich damit auch anfangen, wenn ich an der Uni bleibe? Nein! Nein, das kann nicht sein, ich werde niemals so hochgestochen schreiben, niemals! Man muss doch an der Uni auch ohne diesen elitären Scheiß bestehen können. Arsch!«

Als mein Ausbruch beendet ist und ich mich innerlich schon die Nachricht der sofortigen Exmatrikulation aus dem Briefumschlag ziehen sehe, schaue ich vorsichtig in Richtung Ledersessel.

Doch die postkoitale Transgression seines bewussten Ichs in die Welt der utopischen Irrealität ist bereits vollzogen, die Raphekerne haben ihren hemmenden Einfluss auf die noradrenergen Systeme geltend gemacht, entzifferbar primär durch Atonie.

Er ist bereits eingeschlafen.

Diesen Text anhören:
www.slamfibel.de/titel15.mp3

NORA GOMRINGER
SHIBBOLETH

Sprich meine Sprache
Feindlich auf den Ton
Den letzten
Angesetzt ein Messer
An der Kehle
Röchle, was uns trennt

WIE, WAS SOLL DAS HEISSEN, ICH HAB KEINE SPRACHE? ICH REDE DOCH, HAST DU PROBLEM?

Er so: Klar, kann man mal machen.

Ich so: Muss man mal machen.

Er so: Muss man aber auch machen können.

Ich so: Kannste mal sehen.

Er so: Man könnte auch hinhören.

Ich so: Klar, kann man auch weghören.

Er so: Sollte man aber verstehen.

Ich so: Wie, da steht einer?

Er so: Was hier geht, geht überhaupt gar nicht.

Ich so: Das würde ich jetzt nicht so direkt behaupten, dass hier gar nichts geht.

Er so: Ich sag seit zwanzig Jahren *Yo*, dann weißt du, was geht.

Ich so: Dürfte man mal versuchen.

Er so: Darf man mal was erfinden.

Ich so: Dann wirst du was finden?

Er so: Man könnte denken, du hast es erfunden.

Ich so: Findste nicht.

Er so: Ich weiß, geh doch nach Hause, du alte Scheiße, geh ich kaputt.

Ich so: Kaputt? Dann weiß ich Bescheid.

Er so: Kann man sich doch denken.

Ich so: Hab ich jetzt aber nicht gemacht.

Er so: Klar, kann man auch bleiben lassen.

Ich so: Muss ich jetzt nicht haben.

Er so: Keine Ahnung, wie lang der da steht.

Ich so: Woher soll ich das wissen, siebzig, achtzig Jahre vielleicht?

Er so: Wie geil ist das denn?

Ich so: Nee, ne.

Er so: Hasse schon mal ...?

Ich so: Nee, ne ...

Er so: Hasse nicht, auch nicht Wikipedia?

Ich so: Lieber nicht.

Er so: Findste scheiße?

Ich so: Opfer?

Er so: Opfer.

Ich so: Ich find's geil.

Er so: Is' so?

Ich so: Is' so.

Diesen Text anhören:
www.slamfibel.de/titel16.mp3

TOBY HOFFMANN
DER NEBEL DER CODES

dort die jungs von der bushaltestelle
szene: wenn mütter gefickt werden

homoerotische keilereien
kleine boxer pumpen sich auf

nur ein fingerbreit trennt sie
von der berührung ihrer flaumbärte

feste der völkerfreundschaft
hier an meiner bushaltestelle

»ich bums dir die fotze kaputt, du schwule hure!«
habe ich nicht persönlich genommen

»du sohn einer kosovarischen hündin!«
habe ich überhört

ich dachte über rosa hemden
und die verirrung der zeichen nach

BJÖRN HÖGSDAL
HASEN

Er war aus gegebenem Anlass gezwungen, nach einem Adjektiv zu dem Wort »Hase« zu suchen. Ihr Blick hatte sich während des romantischen Essens zu einem interessierten »Vielleicht« erweicht, und er hoffte, mit ein wenig Süßholz mehr würde es ein bestimmtes »Ja«. Sie plauderten, doch immer öfter entstanden gespannte Momente aus Stille und tiefen Blicken.
»Du bist so ...«, müsste er in diese Stille platzen, »so ...«, ja, so was? So niedlich, so wie ein Hase, aber das hätte irgendwie blöd geklungen. Er suchte nach einem passenderen Kompliment, etwas, das sie verzücken, Brücken schlagen und die letzten Schlösser öffnen würde. Doch immer wieder kam er zurück zu dem Begriff »Hase«. So war sie für ihn, aber er konnte ja schlecht sagen: »Du bist ein Hase!« Erstens hätte sie das bestimmt irritiert, und zweitens traf es ja auch so nicht zu.

Wie ein Hase war sie. Also. Ein Adjektiv abgeleitet von Hase. Hm. Hasig? Sicher nicht. Hastig? Du bist so hastig? Auch nicht. Häsern, häsisch und hasisch kamen ihm in den Sinn, aber er verwarf den Gedanken. Haskulin? Oder vielleicht hasesk? Du bist so, bist so hasenartig, bist so hasenhaft? Wieder diese Stille, aber in ihren Augen gähnte jetzt schon etwas, und er wollte die Situation retten und hörte sich selber sagen: »Du bist so häslich!«

BJÖRN HÖGSDAL
LITERATURWISSENSCHAFTLICHE FRAGE

Schon Charles Dickens' Werk und auch Orwells »1984« suchte man bei deutschen Übersetzungen sprachlich den lokalen Gegebenheiten anzupassen, teils durch Adaptionen von Handlungsorten, teils durch den Austausch vergleichbarer Dialekte, und so hoffe ich, dass meine Frage nicht zu weit hergeholt scheint: Gibt es in neuseeländischen Übersetzungen von Büchners »Woyzek« einen Tambour-Maori?

GNADENLOS

Ich bin mit Heterosexualität geschlagen. Ansonsten fällt es mir eher schwer, mich auf etwas zu konzentrieren. Mein Verstand ist eine Damenpistole mit stumpfer Nase. Sechs Schuss.

An einem Tag, ich war noch ein kleines Mädchen, kam das Wort »Mörsi Dispens« zu mir. Es kroch aus einem Lied heraus: »Houlo, woniu beimi a Mörsi Dispens«. Ich habe das Wort sehr geliebt und es oft laut vor mich hin gesagt, lange ohne zu ergründen, was es bedeutet.

Jahre später erfuhr ich, dass Mörsi im Englischen für Gnade steht. Ich kombinierte es mit der leisen Ahnung, was in etwa eine Dispens sein könnte (das kannte ich aus der Schule), und schloss daraus, dass die Frau, die da sang, freiwillig auf Gnade verzichtete. Dies wiederum interpretierte ich dahin gehend, dass sie die Folgen ihres Tuns nicht fürchtete. Das hat mich aufgewühlt.

Erst als Teenager entlarvte ich Janis Joplin und ihre schnöde Luxuskarre. Es tat nicht mal so weh. Ich kaufte mir eine Platte von Patti Smith. Die sang: »Jesus died for somebody's sins ... but not mine«. Da war sie wieder, die Mercy Dispens, und diesmal heimste ich sie ein. Von Stund an war nichts mehr wie vorher.

13.
VORFORMATIERUNG

MALTE ROSSKOPF

DIE LEIDEN DER JUNGEN WÖRTER.
ODER: SPRICHWÖRTLICHER HASS

Es war dieser eine Tag, ein Samstag, meine ich, vielleicht aber auch ein Montag oder gar ein Mittwoch, als ich, ein Agnostiker aus Unüberzeugung, niederkniete und mir plötzlich wünschte, man würde die Kirche im Dorf lassen. Denn es ward geschehen, dass der Ältestenrat meines Dorfes sich nicht länger zu erfreuen wusste an allem, was ich als Poesie bezeichnet hätte. Aufgeschreckt von einer neuen, unsprechenswerten Sprache, wie sie sagten, sollte es bei Stummheit als Strafe verboten sein, sich anderer Sätze zu bedienen als solcher, die sich in ihrer Trivialität und Allgemeinverständlichkeit über Jahre hinweg als massentauglich erwiesen hätten, es ging um die Herrschaft der Geflügelte-Worte-Industrie mit Legebatterien und Massenproduktion. Der Ausschuss zur Förderung der Kommunikation und Vertuschung überwacht seitdem streng das System. Ich bitte daher um Entschuldigung, dass folgende Zeilen mitunter floskel- statt flegelhaft anmuten und weniger einen Text als vielmehr ein Puzzle aus Phrasen darstellen. Dennoch ist es mir ein tiefstes inneres Anliegen, meinem Ärger Ausdruck zu verleihen und einen Aufruf zu starten! Ein anderer Weg als dieser vermochte mir nicht einzufallen, ohne dass ich Gefahr gelaufen wäre, zu sehr aufzufallen.

Wieso hatte niemand die Kirche im Dorf gelassen, jetzt, da selbst ich vom Glauben abzufallen drohte, vom Glauben, der doch angeblich Berge versetzen kann. Aber um einen Berg zu versetzen, muss zunächst ein Prophet zum Berg gehen oder wenigstens der Berg zum Propheten, aber ich sehe weder Propheten noch Poeten noch Proleten, jetzt, wo jedes Wort der Anstößigkeit abgestoßen wird, kann es doch die unbequeme Wahrheit kundtun, die die Mächtigen durch aussagelose Aussagen zu verheimlichen versuchen. Und so hielten Phrasen und Sprichwörter Einzug in unser Dorf und überfielen alle Bewohner, den Bäckermeister, die Bäuerin, den Schuhmacher und sogar den alten Hafenkalle, der fortan sein einst gut gesponnenes Seemannsgarn durch Sätze wie »Wenn's nicht sein soll, soll's halt nicht sein« ersetzte.

Am schwersten aber traf es mich, als auch meine heiß geliebte Freundin plötzlich anfing nur noch Floskeln zu benutzen und ihre vormals oft poetischen Sätze aus Eigenkreation durch vorgefertigte, inhaltsleere Mainstreamsprachstücke zu ersetzen. Denn so begann es, dass wir es nicht länger verstanden, uns zu verstehen. Wir machten auf einmal nicht mehr Urlaub am Wörtersee, sondern am großen Sprachbarriereriff. Aus Versprechungen wurden Versprecher, wir sagten Gemeinheiten, die wir nie gemeint hatten, die aber in ihrer neuen Sprachwelt anders wirkten als in meiner. Beim Reden wie Wasserfall wand sie sich in Redewendungen, dann trieb sie hinfort auf dem Sprachfluss, und in mir sollte sich ein sprichwörtlicher Hass auf Floskeln entwickeln.

Denn natürlich war ich sofort auf hundertachtzig und dachte mir: »Ach, du grüne Neune.« Ich hatte erkannt, dass es hinsichtlich der Sprache fünf vor zwölf war, dachte aber naiverweise, ich würde das retten können. Doch da schlug es schon dreizehn, und auf einmal war auch meine Freundin eine von den Phrasendrescherinnen, nicht mehr individuell, nur noch nullachtfünfzehn. All ihre unpersönlichen Sprichwörter, die nichts wirklich sagten, waren doch nur Betrügersätze, falsche Fünfziger gewissermaßen. Doch wirkten sie übermächtig und ließen mich klein werden, wie ein Dreikäsehoch fühlte ich mich, immer auf der Lauer, hinter jeder Ecke wartete eine neue Phrase, stand da wie eine Eins und tat so, als sei sie klug und wichtig. Und ich wollte all diesen Phrasen eines auf die Zwölf geben, wollte zeigen, dass ich hier die Fünfe nicht gerade sein lassen wollte und eine Nummer zu groß für sie war und sie daher auf Nummer sicher gehen, sich also verpissen sollten. Jedoch war es plötzlich die wahre, ehrliche, unverphraste Sprache, die in meinem Dorf ob ihrer Seltenheit auffiel wie ein bunter Hund, wo doch der poetische Hund bei uns begraben lag, der genau deswegen in der Pfanne verrückt wurde, die ich parallel dazu nutzte, mir aus Verzweiflung einen Storch zu braten, der abging wie Schmidts Katze, die nachts grau war und deswegen aussah wie alle anderen Katzen, so wie alle Sätze hier wirkten wie alle anderen Sätze, grau und uniformiert und uninformiert, eben wie Katzen nachts, Katzen, die man aus dem Sack gelassen hatte, weswegen sie das Haus verlassen hatten, wollten sie in dieser tristen Atmosphäre doch nicht mehr wohnen. Und als die Katzen das Haus verlassen hatten, tanzten die Mäuse, die keinen Faden abbeißen, weil man sie mit Speck fängt, auf dem Tisch, so wie die Phrasen tanzten, seit die Poesie von uns gegangen war.

Nur wollte ich das nicht zulassen, nein, durfte, konnte ich das nicht zulassen. Ich würde dagegen vorgehen. Denn die reine Sprache war meine Schafherde, die es zu beschützen galt, und ich war ein Schäferhund, war also auf den Hund gekommen, mit dem kaum gut Kirschen essen ist, weil er den Letzten beißt. Und Sprichwörter sind das Letzte. Ich fühlte mich als Hüter der wahren Sprache. Also aus die Maus, Klappe zu, Affe tot, ich wollte das Pferd von hinten aufzäumen und die Kuh vom Eis holen, zur Not schösse ich auch mit Kanonen auf Spatzen, die man lieber in der Hand hat als eine Taube auf dem Dach. Immerhin finden blinde Hühner auch mal ein Korn, und wenn der Ast erst mal gebrochen ist, dann vergisst der Vogel, dass er fliegen kann und dass alte Füchse schwerer in die Falle gehen als ein Elefant in den Porzellanladen. Scheiß Sprichwörter! Fortan hieß es, Feuer mit Feuer bekämpfen, Mann gegen Mann, Sprache gegen Sprache, Wort gegen Wort, Sprichwort gegen Sprichwort, Auge um Auge, Zahn um Zahn, wie man es in den Wald ruft, so schallt es zurück.

Auch wenn man den Wald nicht mehr sah vor lauter Bäumen, auf denen die Poesie leider nicht wächst.

Aber Rache ist süß. Oder Blutwurst. Oder süße Blutwurst, und wat mutt, dat mutt und zwar ohne halbe Sachen, weil dann auch das geteilte Leid halb wär' und somit was Halbes und nix Ganzes und doppelt sowieso besser hält. Doch dem ehrlichen Worte musste die konsequente Tat folgen, wer gackert, der muss auch Eier legen, da aus ungelegten Eiern keine Küken schlüpfen können. Wer A sagt, muss auch B sagen, das Leben ist ja nun kein Zuckerschlecken während eines Wunschkonzertes auf dem Ponyhof. Ach, ich war so wütend auf Phrasen, Phrasen, diese Diener der Dummen, Floskeln, diese Oberkellner der Opfer, die selber nichts zu sagen haben; wer nichts wird, wird Wirt.

Und die Sprichwörter und die sie Benutzenden durften mich nicht unterschätzen, denn auch der Teufel ist ein Eichhörnchen, auch wenn sich das Eichhörnchen mühsam von den Früchten des Waldes ernährt und der Teufel im Detail steckt. Denn der Teufel scheißt auch immer auf den größten Haufen, und Phrasen sind ein großer Haufen Scheiße. Und wenn man vom Teufel spricht oder ihn schwarz an die Wand malt, dann frisst er in der Not vielleicht Fliegen, von denen man zwei mit einer Klappe schlagen kann, erschien in diesem Fall aber auch auf meiner rechten Schulter und sagte: »Töte die Floskeln!« Auf meine linke Schulter setzte sich ein Engel und stimmte dem Teufel auf Teufel komm raus zu. Klassischer Fall von »Zwei Dumme, ein Gedanke, gemeinsam sind wir stark«, auch wenn alles gegen Sprichwörter gut ist und Engel und Teufel deswegen nicht dumm sind und sich daher das britische great minds think alike besser anbot für diese Situation. Also musste ich den Phrasen zeigen, wo der Hammer hängt, denn die Axt im Haus erspart den Zimmermann. Folglich machte ich ein großes Fass auf, stellte mir vor, Phrasen wären selbst ein Fass und schlug diesem den Boden aus, bevor ein Tropfen es zum Überlaufen bringen konnte. Doch leider waren Sprichwörter sowieso ein Fass ohne Boden, und daher hatte ich den Nagel nicht auf den Kopf getroffen, weswegen ich meinen Kreuzzug gegen die falsche, böse Sprache aber nicht an den Nagel hängen wollte. Nein, nein, mein Zorn passte wie die Faust aufs Auge, wenn mir etwas wichtig ist, hab ich es faustdick hinter den Ohren, hinter die ich mir geschrieben hatte, dass ich für die echte Sprache kämpfen musste, auch wenn ich hinter den Ohren noch grün und sowieso nur ein Naseweis war.

Und klar, der erste Versuch, die Sprichwörter auszumerzen, war in die Hose, die einem nicht näher ist als das Hemd, gegangen, und der erste Eindruck zählt. Doch gut Ding will Weile haben, es ist noch kein Meister vom Himmel gefallen, ein Spiel dauert neunzig Minuten und ist erst vorbei, wenn der Schiri abpfeift. Wer also jetzt glaubt, dass ich deswegen fortan weniger elanvoll und trickreich zu Werke ging, also zum Beispiel beim metaphorischen Schere, Stein, Papier keinen Brunnen mehr mache, der irrt, was menschlich ist. Aber wer glaubt, dass man diesen Brunnen quasi zudeckte, wenn das Kind einmal hineinfiel, wie in eine Grube, die man anderen grub, der vergisst, dass der Krug so lange zum Brunnen geht, bis er zerbricht. Kampf bis zum bitteren Ende! Ich hatte mir das Finale ja nur aufgehoben, und das ist nicht aufgeschoben, die Phrasen sollten besser auf dem sein, was in einem Kinderlied drei Ecken hat, Hals- und Beinbruch, auch wenn es einigen spanisch vorkommen mochte, sollte die unreine Sprache wie Holland sein, und Holland ist in Not oder der Staate Dänemark, in dem etwas faul ist, weil Polen dann sehr wohl offen und verloren ist, also alter Schwede, Schotten dicht, Schluss mit alles roger in Kambodscha, keine Panik auf der Titanic, dann wär' Ende Gelände, weil das dicke Ende, von dem die Wurst zwei hat, zum Schluss kommt. Unabhängig davon, ob man den Tag vor dem Abend lobt, denn nicht umsonst ist Blut dicker als Wasser und zwar gehupft wie gesprungen. Auch wenn der Vergleich jetzt hinkt. Aber nicht alles, was hinkt, ist ein Vergleich. Und sowieso ist Jacke wie Hose vielmehr ein Vergleich zwischen Äpfeln und Birnen, ganz egal, ob der Apfel weit vom Stamm entfernt fällt oder nicht. Und wer hat überhaupt die Kokosnuss geklaut? Egal, ich sollte nicht weiter abschweifen, lange Rede, kurzer Sinn:

Im Krieg und in der Liebe ist alles erlaubt, und hier war eindeutig beides der Fall, Liebe zur Poesie, Krieg gegen Sprichwörter. Also musste ich weiterkämpfen. Wer nichts unternimmt, liegt bald so, wie er sich gebettet hat, wer mit Hunden schlafen geht, der wacht mit Flöhen auf. Dort, wo gehobelt wird, da fallen auch Späne, das ist klar. Ich durfte mich folglich nicht zurücklehnen, sondern musste die Phrasen ablehnen und mich gegen sie auflehnen, bevor der Drops gelutscht war und ich mehr vom Drops hätte abbeißen müssen, als ich kauen konnte. Und vielleicht war es ein schwerer Anfang, aber aller Anfang ist schwer, und Kleinvieh macht auch Mist, immerhin ist Rom nicht an einem Tag erbaut worden, obwohl alle Wege dorthin führen, und dieser Weg wird kein leichter sein, dieser Weg wird steinig und schwer, und dieser Weg ist auch nicht das Ziel. Das Ziel ist das Ziel.

Also Butter bei die Fische, die dort schwimmen, wo die alten Schiffe fahren, auf denen man segeln lernt, denn Gleich und Gleich gesellt sich gern, aber Gegensätze ziehen sich an und ich merkte: Poesie ist für jeden, für Poeten, Proleten, Propheten, ob gleich oder anders, ob legal, illegal, scheißegal, Poesie ist das, was das System zusammenhält, und gleichzeitig dessen größter Feind, also hörte ich auf, Gleiches nur mit Gleichem zu bekämpfen, ich ließ die geflügelten Wörter flügge werden, zerdrosch die Phrasen, brach mit Sprichwörtern, verließ das System, war wieder ehrlich, war wieder eigen, setzte mich hin und schrieb ein ... Gedicht!

BAS BÖTTCHER
VORSICHT WARNUNG!

Achtung Mahnung
vor alltäglichen Tücken
vor alleinstehenden Gepäckstücken
Achtung vor Gedächtnislücken zwischen Zug und Bahnsteigkante
bitte beachten Sie auch diesen Warnhinweis – Danke

Und lesen Sie vor Nahrungseinnahme
die Packungsbeilage
Fragen Sie Ihren Arzt oder die Lieben
Vorsicht vor Wildwechsel und Taschendieben
vor Fluglärm im Garten und Zugdurchfahrten
am Strand Vorsicht vor Sonnenbrand
im Büro vor K. o. im Auto genauso

Bitte jetzt elektronische Geräte ausschalten
Bissiger Hund – kann Spuren von Nüssen enthalten
Bei Grund zur Beanstandung und Ähnlichem
bitte Haltewunschtaste betätigen

Und Beschwerden bitte an den Fahrgastverband
Mindestens haltbar bis siehe Glasbodenrand
Kleinteile können verschluckt werden

Achtung rutschig bei Glätte und stürmisch bei Windstärken
Und geben Sie Ihre vierstellige Geheimzahl ein
Falls Sie hiermit nicht einverstanden sind, sagen Sie: Nein
Zurückbleiben bitte – jetzt an die eigene Nase fassen

Berühren Sie den Bildschirm, und zahlen Sie passend
Vorsicht vorm falschen Zurechtrücken
Aufhübschen, Schmücken und Wegdrücken

Letzter Aufruf – diese Warnung soll aufrütteln
und nicht vergessen: Vor Genuss immer gut schütteln!

TILL REINERS
ICH HABE KEINEN TEXT MEHR

Ich habe keinen Text mehr. Man braucht ja ständig einen Text. Für jedes Gespräch gibt es einen Text, eine Stimmung und einen Rahmen.

Ein Beispiel:

»Wir sprechen doch gerade über die Finanzkrise, jetzt ist nicht der passende Moment, mir mitzuteilen, wie du dich fühlst. Außerdem ist dein Humor in dieser Diskussion störend. Ausgelassen ist man auf Geburtstagen und beim Karneval. Wenn du dich an unserer Diskussion beteiligen möchtest, beginne deine Sätze möglichst mit ›Wenn ich da mal die Perspektive eines Betroffenen schildern darf‹ oder ›Ich möchte diese These anhand eines lebensnahen Beispiels illustrieren‹.«

Das ist kein Gespräch, das ist ein Test! Ich bin der Tests müde geworden. Wenn wenigstens die Themen neu wären.

Das gibt es ja: die Liebe. Leidenschaft. Sehnsucht. Das gibt es ja. Aber es gibt auch Alltag. Und den gibt es häufiger, sag ich mal.

Man sagt gar nicht so häufig: »Ich war zu feige, dir die Wahrheit zu sagen. Ich war zu feige, dich zu belügen. Also dosierte ich meine Wahrhaftigkeit nach dem Grad deiner Empörung.«

Das sagt man selten, weil der Satz von Liebe, Leidenschaft und Sehnsucht handelt, da redet man nicht so oft von.

Leider handeln nicht alle Sätze, die selten sind, von Liebe, Leidenschaft und Sehnsucht. »Ich brauche ein Adapterkabel vom Koaxial auf 'ne 3,5er Miniklinke.« – Das ist nämlich auch ein seltener Satz. Der ist ja auch gar nicht schlimm. Was soll man denn machen, wenn man dieses Adapterkabel braucht und eben gerade nicht Liebe, Leidenschaft oder Sehnsucht?

Aber warum sagt man häufig, ganz ohne Not: »Paris – da könnte man bei Gelegenheit ja auch mal hinfahren.«

Oder: »Ich gehe heute auf einen Poetry Slam. Vielleicht wird es trotzdem ein schöner Abend.«

Karl Kraus hat mal gesagt: »Es reicht nicht, nur keine Gedanken zu haben, man muss auch noch unfähig sein, sie formulieren zu können.«

Es reicht aber nicht, Gedankenloses zu formulieren, man muss sich auch noch darauf verlassen können, dass der andere genau das Gleiche sagt. »Komm, wir denken zu zweit nicht nach!«

Ich möchte diese Betroffenen anhand lebensnaher Beispiele illustrieren.

»Findest du nicht auch, dass es schwül ist?« – »Ja, das finde ich auch; wir können in Bezug auf das Wetter von einem Wir reden, das gibt es, WIR finden, dass es schwül ist. Bitte gib mir Bescheid, wenn du es nicht mehr schwül findest, dann müsste auch ich meinen Standpunkt überdenken.«

Oder: »Neulich war ich bei Starbucks. Da hat mir die Bedienung fünfzehn verschiedene Kaffeesorten vorgestellt. ›Ich will doch einfach nur einen ganz normalen Kaffee trinken‹, habe ich da gesagt. Ist das nicht lustig? Findest du diese Anekdote nicht auch witzig?« – »Ja, deine Anekdote ist wirklich sehr lustig und bildet außerdem den Irrsinn unserer Zeit treffend ab. Bitte erzähle mir diese Anekdote häufiger, dann wird es von Mal zu Mal witziger. Dann können wir sagen, wir teilen denselben Humor.«

Oder: »Heute Morgen habe ich mich unmännlich gefühlt. Deswegen habe ich eine Currywurst mit Schärfestufe sieben gegessen. Bei Schärfestufe sieben muss man vorher eine Einverständniserklärung unterschreiben, weil einem sonst keiner glaubt, das Zeug freiwillig zu essen. Ich habe mich danach mehrmals erbrochen, aber ich habe mich als Mann erbrochen, das hat unheimlich gutgetan. Du und ich, das weiß ich jetzt, wir beide sind Männer. Komm, wir gucken einen Actionfilm, das machen Männer doch so.«

Das sind Selbstvergewisserungsphrasen. Warum fragt man nicht direkt: »Ist es okay, wie ich bin? Gefällt euch mein Text? Oder sollte ich mehr lebensnahe Beispiele anführen? Findet ihr meine Kleidung angemessen? Oder bin ich da jetzt zu modisch gekleidet? Wirkt das affektiert? Oder ist es underdressed? Sagt man underdressed noch? Oder klingt das jetzt so aufgesetzt englisch? Oder ist gerade das cool? Hast du eine ähnliche Perspektive auf das Leben wie ich? Jeder Tag, an dem du nicht lächelst, ist ein verlorener Tag – ist das nicht auch dein Credo? Das findet doch eigentlich jeder gut, jetzt sag doch mal!«

Und dann könnte der andere ebenso direkt antworten: »Mit deinem Kleidungsstil kann ich nichts anfangen, in meiner Peergroup tragen wir nur nonkonformistische Kapuzenpullis. Aber versuche doch einmal, kein Fleisch zu essen. ›Ich als Vegetarier esse kein Fleisch‹, kannst du dann sagen, und wir sagen dann nicht nur das Gleiche, sondern teilen eine Haltung: Wir beide sind Vegetarier.« Statt lebensnaher Beispiele reden wir in Beispielen, um unseren Leben nicht zu nahe zu kommen.

Dann fahre ich also zweihundert Kilometer in die Lüneburger Heide, setze mich mit Bekannten ins Gras, blicke über die Felder und sage: »So richtige Stille, das hat man ja heutzutage gar nicht mehr.« Und siehe da: Es hilft. Wenn alles unsicher ist – »Die Welt wird immer komplexer«, das kann man sagen, das stimmt, das sagt man so, und dann ist die Welt schon wieder ein bisschen sicherer, weil man den passenden Satz dazu gefunden hat, und die anderen nicken. »Ja, das finde ich auch, das ist auch meine Ansicht, auch ich bin überfordert, wir sind es zusammen, wir sind zusammen.«

Das vierbeinige Ding, lass es uns Tisch nennen, ja, da können wir uns drauf einigen, aber jetzt, mein Freund, sag frei heraus, wie du diesen Tisch findest! Ist er majestätisch, ist er bieder? Ist er kafkaesk? Ja, mein lieber Freund, sag es frei heraus, auch kafkaesk wäre okay, belege ihn mit einem Wort deiner Wahl. Wie fühlst du dich dem Tisch gegenüber? Auch wenn du dafür nichts fühlst, ist das okay, aber bitte sag, wie du dich fühlst, und bitte, wir müssen uns nicht auf ein Gefühl einigen! Ich war zu feige, dir die Wahrheit zu sagen. Ich war zu feige, dich zu belügen. Also dosierte ich meine Wahrhaftigkeit nach dem Grad deiner Empörung.

Versuchen wir doch mal, nicht feige zu sein. Es muss ja nicht direkt Liebe sein. »Hallo, ich bin Till, manchmal fühle ich mich einsam. Wollen wir küssen?«

Das klingt ein wenig hölzern, das gebe ich zu. Aber es ist nicht geliehen. Es könnte ein Anfang sein. Und wenn wir dann festgestellt haben, dass unsere Unterschiede nicht ausreichen, um voreinander Angst zu haben, dann lass uns über die Finanzkrise reden.

Diesen Text anhören:
www.slamfibel.de/titel17.mp3

GAUNER
MEINE SEHR VERKEHRTEN DARMINTERNEN

Meine sehr verkehrten Damen und Herren, werte Abgeordnete, ich bitte um Aufmerksamkeit für mein Gerede.

Ich möchte mich heute einmal aussprechen. Und zwar gegen eine weitere Erhöhung der tariflich festgelegten Hundelöhne. In diesem Punkt, liebe Kollegen von der Opposition, bin ich ganz meiner Meinung! Es gab ja dahin gehend bisher von unserer Seite auch schon wirklich ziellose Vorschläge. Aber wir müssen nicht nur Steuern auf-, sondern vor allem auch anheben, und auch mal für das, was die Menschen wirklich wollen, eine Gebühr entwickeln. Am meisten leiden doch die Millionen Arbeitshosen unter der Kürzung. Sie müssen einmal der Wahrheit ins Auge fassen und zudrücken: Wie kommt es denn, dass der Prozentsatz der Arbeitslosen gerade unter den ALG-II-Empfängern dermaßen hoch ist?

Nicht, dass Sie mich da richtig verstehen: Wir brauchen wieder mehr Verständnis für die Bedürfnisse des kleinen Mannes im Ohr. Es ist manchmal gar nicht so leicht, für den einfachen Wähler auf der Straße die geleugneten Worte zu finden. Ich stammle doch selbst daher, und gerade wir Lamentarier müssen uns da endlich mal ein paar Konsequenzen entziehen. Wir dürfen nicht vergessen: Wir Politiker sind nur eine kleine Handpuppe der Gesellschaften und geben doch auch nur unseren Lobbys nach. Ich kann also nur das sagen, was die Wirtschaft mir vorgibt. Und uns Besserverdiener betrifft die Finanzpolitik doch ebenso, wir sind doch mit Klasse I unbeschränkt steuerflüchtig. Und da bin ich auch gerne bereit, meinen Fehlern und Fehlerinnen gegenüber jede Rechenschaft abzulehnen, so wahr ich hier stehe und Gott heiße.

Meine nahen und fernen Abgeordneten, ich möchte Sie nicht länger langweilen, aber doch noch ein bisschen ... auf folgenden Fakt eingehen: Seit der bayrische Ministerpräsident und sein Landeskabarett vereidigt wurden, gab es in Bayern sage und schreibe siebzig Prozent weniger Wirtschaftskriminalität. Und das, liebe Volksabtreter, liegt nur daran, dass wir die führenden Köpfe der Wirtschaft ins Kabinett geholt haben. So sieht eine korpulente Landesregierung aus.

Ich möchte auch gern meine Redezeit verschwenden, um mit Ihnen zum Thema Arbeitsmarkt noch ein paar Worte zu verwechseln. Ich darf die Sachlage mal kurz verklären: Wir haben jetzt den Ballast von fünf Melonen zu tragen, da verstehen Sie sicher, wenn ich sage: Wir brauchen ein Rückgrat für mehr Stabilität im Innern. Wir werden in der neuen Regierung nicht nur diese ganze Zahl der Arbeitslosen erniedrigen, sondern auch ihre Sozialleistungen mindestens dreifach verhöhnen! Und das, meine Darminternen, erreichen wir nur, indem wir endlich auch mal unsere Einkommen und Spesenbezüge verniedlichen. Die enorme Kostenexplosion hängt doch nur am sozialen Fangnetz. Und damit müssen wir es dann auch belasten.

Liebe Artgenossen, unsere Politik war schon immer und für jedermann kurzsichtig. Es ist letztendlich einzig und allein unsere CDU/CSU-Fraktur, die zu ihren gesprochenen Verbrechen auch steht. Jeder, der ein bisschen Gips und Verband im Topf hat, kann doch auf Anhieb kaschieren, dass hier etwas faul ist. Und da half es Ihnen auch nicht, liebe Herren von Rot-Grün, als Sie unseren Genossen März sogar namentlich zitierten in Ihrem Kalender 2010. Deshalb gibt es von mir wie auch schon in den Sanierungsgesprächen ein deutliches und entschlossenes Jein zu dieser Politik des sozialen Karlmarx. Es seien doch wohl auch mal andere Ideen bestattet. Ich verweise hier auf unseren Gegenantrag, meine armen Laternen, und ich denke, ich brauche diesen Geschwätz-Entwurf nicht noch erläutern!

Lassen Sie mich aber noch eine kleine Sache hinzulügen: Auch in der Frage der Gesundheitspolitik haben wir ein Problem, ich darf da einmal kapitulieren: Durch die Einführung der Praxisgebühr wurden doch nicht nur Ärzte und Psychoterrorpeuten stärker belästigt, sondern vor allem die Arzthelfer und Arzthelfershelfer und deren Hilfsmitarbeiter. Die müssen für ihre Arbeit auch mal einen anständigen Hohn bekommen. Wenn wir an diesem Punkt nicht bald mal die Kurve kratzen, dann ist es zu spät.

Meine werten Rollläden, ein ganz alter Karteifreund von mir hat einmal gesagt: Wir müssen unsere Wähler auf ihrem Kreuz festnageln, und das müssen auch Sie endlich mal karikieren, meine Herren von der Presse. Ich bin da ganz Ihrer Meinung, also bilden Sie sich bitte eine.

Meine lieben Besinnungsgenossen, versetzen Sie sich doch mal in Ihre Lage! Bei allem, was rechts ist, auch und gerade die CSU muss einmal dringend teilhaben an der Bildung – der Regierung. Es haben doch die meisten ihrer Mitglieder bisher noch nie – Liebe genossen.

Aber lassen Sie sich von mir nicht aufhalsen. Zu guter Letzt nur noch ein Wortbruch zur Umweltpolitik: Herr Trittin, mit Ihren paar Vorschlägen zur Windkraft ist es nicht getan, so leicht können Sie sich nicht aus der Atmosphäre ziehen. Wir brauchen endlich eine hinterhältige Unwelt- und Agrarpolitik, damit auch unsere Rinder und Rindesrinder noch etwas davon haben.

Also, meine dämlichen Herren, um es noch einmal zusammenzufaseln: Angesichts dieser Schieflage kann ich nur noch mein Übliches tun, damit unser Land endlich nicht mehr Schlusslicht ist. Damit bin ich am Ende meiner Aussparungen, so wahr ich Gott helfe.

14.
EXPLIZITIZITÄT

JULIAN HEUN
SCHLÄFT EIN LIED IN ALLEN DINGEN

ich versuche, die schäden, die mir mein germanistikstudium tag-
täglich zufügt, zu kurieren.
durch sehr hoch dosiertes busfahren.
dort habe ich folgende situation beobachten dürfen:

– wenn isch sage: isch ficke das mädschin hart, was ist dann den
objekt?
– isch?
– nein, mann, das mädschin.
– wenn isch sage: isch boxe disch in dein gesischt. was ist dann
diese adverbiale bestimmung?
– gibt nischt.
– doch, mann! gibt immer.
– nein, mann! gibt nischt.
sie sprechen mich an.
– ey, junge, ja! wenn isch sage: isch boxe disch in dein gesischt. was
ist diese adverbiale bestimmung?
– in dein gesicht – adverbiale bestimmung des ortes.
– danke, mann. – siehst du, gibt.
– jungs, sage ich dann, ich gehe nachher zu einer party, und ihr
beiden seid die besten prolls der welt und auf jeden fall damit ein-
geladen.

dann sagen sie:
– nein, junge, mann, sorry, ja! wir können nisch, wir müssen morgen schule.

da denk ich dann so sachen wie,
mmm
das – ist die wahre poesie.
da denk ich dann so sachen wie ...

eichendorff
schläft ein lied in allen dingen
die da träumen fort und fort
und die welt hebt an zu singen
triffst du nur das zauberwort

schläft ein lied in allen dingen
schläft ein lied in allen dingen
ein lied in allen dingen
ein lied in allen verdammten dingen
das heißt dann wohl so etwas wie
jeder scheiß birgt poesie

das heißt

weißglutwrasenumweht klingt selbst die
motzerei meiner freundin wie 'ne elegie
ist zur hälfte 'n elfchen
auf den zweiten blick limerick
wenn der speichel vor wut von der zunge stiebt
wie das drachenblut im nibelungenlied
ist jede hasstirade 'ne grass-ballade
jedes kleine problem ist ein heine-poem
jede fiese geste 'ne nietzsche-these
– lass mich raus hier, ich laufe heim
jedes schnaufen ein haufenreim

so real wie der tieck, so musik wie musil
und so rein im gefühl wie ein reim im daktyl

und wundert mich noch so ihr brennender ingrimm
sind wunder nicht sonst nur in märchen von grimm drin
wenn sie tobt und mich schlägt
ich bleib gemach, überleg
und sag:
– gut, vanessa, ich erachte diese ohrfeige als eine obstmetapher
als obstmetapher für die frucht meiner beziehungsarbeit

schläft ein lied in allen dingen
in allen dingen in allen dingen in allen dingen
schläft ein lied in allen dingen

poesie muss dann wohl auch im pornorap schlummern
aber tief tief im schlaf tiefer noch als das wummern
der bässe noch tiefer fast ungefähr so
tief wie des folgenden textes niveau
aus der anthologie electro ghetto

»ein schwanz in den arsch
ein schwanz in den mund
ein schwanz in die fotze
jetzt wird richtig gebumst
es ist gang gagang gagang gang gangbang«

schläft ein lied in allen dingen
ein lied in allen dingen

ein lied muss auch in mir geschlafen
im stummen lärm zerhackter harfen
klingt's mir längst nicht mehr
oft steh ich kalt gepresst und leer

vor einem wucherhaufen leben
für das ich weder wort noch ton

ich dachte ich geh und suche das lied
in der einsamsten westam'rikanischen wüste
nur weil das vom flugpreis zu teuer sein müsste
halt in brandenburg
aber selbst dort kein lied

doch zwischen schimmelerbraunten und witt'rungsergrauten
fassaden verlass'ner asbestplattenbauten grünt mir
es klingt halt kein lied in allen den dingen
doch was bleibt ist die stille
ums selber zu hm-hm hm-hm-hmmm

MIR FEHLEN DIE WORTE

Wenn ich so richtig sauer bin, dann merke ich, dass meine Muttersprache nicht so viele Schimpfwörter bereit hält. Selbst *Fick dich!* kommt aus dem Englischen. Im deutschen Sprachraum flucht man lieber mit Fäkalien. Das ist doch scheiße! Auch sonst bin ich äußerst unzufrieden mit der deutschen Sprache. Erst seit ich anfing, Fremdsprachen zu lernen, sind mir die Unzulänglichkeiten meiner Muttersprache bewusst geworden. Wo andere Sprachen ein einziges Wort brauchen, um einen Sachverhalt genau zu beschreiben, benötigt man im Deutschen einen ganzen Satz. Neulich hat mir eine Engländerin erzählt, dass die deutschen Muttersprachler schon anfangen, *patronising* zu sagen, weil es keine passende Entsprechung gibt. Man müsste es ungefähr so übersetzen: Herablassend wirken, ohne dabei überlegen zu sein. Wie umständlich!

Wenn die deutsche Sprache schon mal was Sinnvolles hervorbringt, dann sind die Redewendungen oft in anderen Sprachen gelandet. In der ungarischen Umgangssprache ist heute noch *Was-ist-das?* zu finden, ein Germanismus, der für Kunst, meistens insbesondere für die etwas eigenartigere, steht. Es ist eine traumhafte Vorstellung, sich in einer Ausstellung in Ungarn zu befinden, vor einer Anhäufung von Farbklecksen zu stehen und zu den anwesenden Künstlern einfach nur »Und das, *was-ist-das?*« sagen zu können, was gar nicht als Frage, sondern als Feststellung gemeint ist. Was man in Deutschland sagt, wenn man vor so einem Bild steht, ist für alle nichts Neues: »Schön.« Elende Heuchelei.

Gute Euphemismen gibt es im Deutschen nicht im Bereich Kunst, sondern vor allem in der Wirtschaft: *BER* für *Baustelle, die nie fertig wird, Hauptstadt* für *total pleite* und *Wiedereingliederung in den Arbeitsmarkt* für *unbrauchbare Lohnsklaven am Start.*

Motivierte lernen in einer Fremdsprache meistens die Wörter *Arschloch* und *Ich liebe dich* zuerst, weil es sie besonders interessiert. Dabei muss ich immer an die Worte meiner Ungarischlehrerin Mária zurückdenken: »Die Muttersprache ist von unschätzbarem Wert, in einer fremden Sprache kommen *Drecksau* und *Ich liebe dich* gleichermaßen leicht über die Lippen, in meiner Muttersprache jedoch nicht«, erklärte sie uns Unwissenden damals im Unterricht. Wie recht sie hatte!

Beim Fremdsprachenlernen lacht man schließlich auch nur über Wörter, die einem aus der Muttersprache bekannt vorkommen, aber natürlich eine ganz andere Bedeutung haben. Wie sehr wir damals kicherten, als wir das ungarische Wort *foci* lernten, das *Fußball* bedeutet, aber sofort an das deutsche Wort *Fotze* erinnert. Ein kluger Wirt in Budapest wollte in den Namen seiner Kneipe unbedingt das Wort *Fotze* einbauen und wusste von diesen Problemen und nannte sie kurzerhand, vielleicht auch um die finno-ugrische Sprachverwandtschaft zu zelebrieren, *Vittula*, nach dem finnischen Begriff für *Fotzenmoor*. Bis heute gehen alle mit der größten Selbstverständlichkeit auf ein Bier ins *Fotzenmoor*, es ist ja schließlich kein ungarisches Wort. Ein gutes Beispiel für Pragmatismus, vielleicht sollte ich mit meiner Sprache etwas nachsichtiger sein, denn was sie nicht hat, wird früher oder später aus anderen Sprachen geklaut.

Und wenn mir die mündliche Kommunikation ihre Grenzen aufzeigt, dann bleibt mir immer noch der Griff zu Stift und Papier.

Das dachte ich damals auch, als ich heftig in eine Freundin verliebt war. Ich wollte es ihr sagen, fuhr zu ihr, lieh mir ein Buch aus und fuhr wieder zurück. Jede Woche einmal. Irgendwann hielt ich es nicht mehr aus und schrieb ihr einen Brief. Darin stand, ich würde ihr meinen ersten Roman widmen, weil sie mir so wichtig ist. Nach drei Wochen erhielt ich eine Antwort: »Ich finde es abartig und nicht normal, weil wir uns erst ein halbes Jahr kennen«, schrieb sie. Seitdem verfasse ich nur noch Kurzgeschichten.

MARKUS KÖHLE

SPRACHLOSIGKEIT
ODER: HIRNSTROMPROTOKOLL EINES SICH
AUF DEN ERSTEN BLICK VERLIEBENDEN,
DESSEN STIMME VERSAGT,
WEIL DAS HERZ HALSHOCH POCHT.

Mayday, Mayday, melde Sprachverlust. Sprache, wo bist du?
Komm raus aus dem Loch, lass mich artikulieren meine Stimmung – meine Gefühle.
Keine Kunst? Schon Kunst.
Gib mir Stimme, Worte und Gleitmittel.
Lass fließen sodann Schwülstiges, lass anschwellen einen hormonigen Bockgesang, der sich gewaschen hat und wurlert wabert.
Spachtelmasse für Gehörgänge will ich haben: tonnenweise und Honig, Honig, Honig in allen Körperöffnungen. Ja, auch im Kofferraum.
Ich will orgeln und arschgeigen, die Gefühlstreppen rauf- und runterschwanken und wärmende Steppdecken aus Seelenheil häkeln.
Sprache, verleih mir Bügel, dass ich meine Hemmungen aufhängen und endlich den Krawattenknopf der Liebesrhetorik bindend ablegen kann.
Mach mich los, zieh mir die Gürtelschnalle der Kontaktscheue über den Hinterkopf und die Unterwürfigkeitsunterhose aus.
Biet mir die Stirn, zerfrans mir meinen Betulichkeitsscheitel, zopf mir meinen Zungenwaudel aus und zitier mir Faust I und II in den Nacken.
Schenk mir die Gretchenfrage ein und greif mir in den Hodenstall.
Melk dort die schwangeren Zärtlichkeitszitzen und lass mich angestaute Mühsalmilch abrahmen, bevor der Glibber stockt.
Richt mir die Wohlfühlwarzen auf, wart mir die Wadenwände, pell

sie, mach reinen Beintisch.

Streich mir die Relativitätsgänsefüßchen der Zweisamkeit, weis mir den Weg zum Hosenboden der großen, weiten Gefühlswelt und schnür mir die Schuh der Ungebundenheit, in alle Ewigkeit, ICH und SIE, wir zu zweit.

Himmelherrgottnochmal mach, mach, mach!

Ist das nicht das, was man Liebe nennt?

Stürmische Gefühle, drängende Expressionen, anschaulich umgesetzte Satzunfälle, Durchfallworte, Sprachabfall? Ist das die Sprache der Liebe?

Die Sprache ist dann am eindeutigsten Sprache, wenn sie in ihrer Funktion verschwindet.

Soso.

Wir hingegen denken, dass die Sprache vor allem Sprache zu sein hat, und wenn sie schon an etwas erinnern soll, dann am ehesten an eine Säge oder an den vergifteten Pfeil des Wilden.

Na, dann spann deinen Bogen, wilder Amor. Zoing – Flapp!

Volltreffer! Da wie dort.

Gefühle kurbeln die Fensterscheibe runter, lassen den Arsch raus hängen und scheißen drauf. Spielt alles keine Nebenrolle, ist alles sächlich und mega egal wie nur was. Weil hier hat nämlich ein Pfeil Weg gewiesen, was fortan Programm ist.

Schalt dich ein und nicht um, reich ihr die Hand, und versprich diverse Schwüre, das schadet nicht, vorerst.

Gib Quasimodo Wasser, Esmeralda, auf dass er alle Liebesglocken in Schwung bringe, auf dass sie anflattern mögen, denn Glocken fliegen gerne und wenn dass kein Anlass für eine fröhliche Bim-Bam-Karawane ist, dann ist's aus mit Christsein.

Dann wird sich beschwert bei der Diözese, dem Bischof der Marsch geblasen und konvertiert, was das Sektenspektrum hergibt.

Da darf man sich nicht lumpen lassen, schließlich hat man ja lange genug Obolus abgelegt für Hostienhokuspokus und Bubenstreicher.

Jetzt ist die Rendite fällig: Glocken als Vorspiel. Zur Lesung irgendetwas Geiles. Fürbitten für geschlechtliche Funktionstüchtigkeit. Zur Wandlung die Frucht ihres Leibes: Oh Herr, ich bin nicht würdig, dass sie eingeht unter mein Dach, aber sprich du ein Wort, und mach meine Seele gesund. Und zum Schlusssegen guten kinderlosen Sex in alle Ewigkeit, Amen.

Ja, Vater unser, das wäre mir ein paar »Gegrüßt seist du, Maria« wert. Doch du sollst den großen Gott nicht vor dem Abend loben, denn mit Göttern ist kein Staat zu machen, das lehrten uns schon die alten Griechen, und so schlage ich mir denn einstweilen bloß mal ein Kreuz auf die Brust, kaue Nägel und harre der bestellten Frohlockungen.

Man möge mich erhören.

Vergelt's Gott!

DAS RASTER

(im übertriebenen Trochäus zu sprechen)

Streng ist **die** ge **ras** ter **te**
Ord nung **die** ses **Ge** dich **tes.**
Sie ben **Zei** len à sie **ben**
Sil ben **sind** es **pro** Stro **phe.**
Da von **ist** die **ers** te **Sil-**
be be **tont,** die **zwei** te **un-**
be tont **und** so **wei** ter **fort.**

Kann ein **Mann** sei **ne** Ge **füh-**
le in **Ge** dich **te** pa **cken**
und dann **noch** vor **tra** gen, **dann**
hat er **Glück,** denn **Da** men **mö-**
gen Män **ner** mit **Takt** und **rhyth-**
misch em **Ge** spür. **Das** ist **sinn-**
lich und **klingt** zum **Bei** spiel **so:**

Oh, du **mei** ne **An** ge **be-**
te **te. Ich** den **ke** so **po-**
si tiv **von** dir. **Du** mein **Au-**
gen stern, **ich** würd **dich** gern **le-**
cker zum **Brunch** ein **la** den. **Du**
bist es, **auch** wenn **du** nur **fik-**
tio nal **ex** is **tier** en **tust.**

Diesen Text anhören:
www.slamfibel.de/titel18.mp3

15.
VERBALSCHLACHT

JAKOB NACKEN
SPRACHE!

Wer das Wort hat, hat die Macht ... Er kann die Gedanken der anderen lenken. Im Moment bin ich das ...

Ich lenke eure Gedanken dahin, wo ich sie hinlenken will ...

Kinderschlafanzüge ...

Ich sage nur: Kinderschlafanzüge

Erinnert euch doch mal an euren buntesten Kinderschlafanzug ... Und was passiert?

Es ist unglaublich, was für eine Ansammlung scheußlichen Designs jetzt hier als Gedankenblase über euren Köpfen schwebt. Mickey-Mäuse, Bärchen-Herzchen und die herrlichen abstrakten geometrischen Designs der Achtziger- und Neunzigerjahre mit Dreiecken und Vierecken, neonfarbenen Punkten und Zickzack-Linien, ich kann sie zwar nicht sehen, doch sie mir denken, und ihr auch! Das ist doch verblüffend ...

Die Welt des Denkens ...

Welt neben dieser Welt,

endlose Welt der Wellen des Denkens,

Welt, die alles enthält,

was wir uns vorstellen, vorstellen werden und vorstellten,

endlose Welt aus unzähligen Welten.

Denn jeder erhält seine eigene, wenn er zur Welt kommt,

und bastelt sein Leben lang daran herum,
Stunde um Stunde,
umrundet sie, um sie zu bewundern und zu erkunden,
doch hat je jemand ihren Urgrund gefunden?
Nur Spuren, die uns entführen,
verführen, bis wir uns oder sie sich verlieren ...
Sie locken uns fort von uns selbst hinein in die Abstraktion.
Und schon befinde ich mich drin, vermische Sinn und finde
Begriffe, viel weniger griffig als
Kinderschlafanzüge.
Wortmonstrositäten lauern und grätschen quer in den
Gedankenlauf,
stauen den Gedankenfluss auf,
und es bleibt nur Stuss zum Schluss,
der Genius muss Hokuspokus weichen,
und wer folgt mir noch, wenn ich mir selbst schon nicht mehr folgen kann,
weil ich die Worte nicht verstehe,
die mir durch den Schädel wehen,
wenn ich selbst schon nicht mehr weiß, wo ich bin,
verlaufen im Wörterlabyrinth,
beliebig ohne Sinn und Ziel ...
weil ich keine Worte mehr find,
um die Eindrücke auszudrücken ...
Ja, sie ist das größte Hindernis ...
die Sprache!
Sie, die das Denken in ihren immer gleichen Formulierungen gefangen hält,
sie, dieses enge Korsett der Gedanken,
dieses Vehikel der Hilflosigkeit,
oh Sprache,
wie kämpfen wir alle immer und immer wieder mit dir,
du gnadenlose Bedeutungsträgerin,
du alte Sau!
Oh ja, du gehst mir auf den Geist und durch den Kopf,

die ganze Zeit,
immerzu, ständig,
immer zuständig,
wo man auch hinkommt: nur Sprache!
Worte, Sprüche, Gelaber, Gefasel, Gerede, Geschwätz ...
Sprache, du nervst! Hau endlich ab!
Sprache, du Drecksau, du formloses Etwas, krank und kaputt,
sinnlos, verfälscht, verlogen, schmutzig, verkommen,
du ekelhafte Notlösung!
Wie billig, immer wieder nur auf dich zurückzukommen, wenn
man etwas sagen will ...
Nirgends hat man seine Ruhe vor dir!
Scheiß Sprache, du kannst mich mal mit all deinen Wörtern und
Begriffen, Verben, Substantiven, Adjektiven und überhaupt mit
deiner scheiß Grammatik!
Das ist doch Kacke, du funktionierst einfach nicht,
du Gebilde, du lückenhaftes Gekünstel,
du Abstraktionsakkumulation
du, du, du ...
Du hast nicht mal die passenden Worte, um dich selbst mal so
richtig zur Sau zu machen, so scheiße bist du!
So arm, so dürftig und so schwammig und kitschig
und so verbraucht ...
Ja, so schrecklich verbraucht,
so oll und abgenutzt und ausgelutscht,
du Schrotthaufen,
du Schuttabladeplatz der Missverständnisse und Unklarheiten.
Die Welt wäre doch viel schöner ohne dich.
Wir, die Einzigen, die dich benutzen, wir Menschen, wir sind doch
die kaputtesten Kreaturen auf diesem Planeten.
Endlich haben wir den Sündenbock, dich, Sprache!
Befreien wir uns von dieser Fessel des Denkens!
Weg mit ihr!
Raus mit ihr!
Sprache abschaffen!

Jawohl, Tod der Sprache!

Für eine sprachlose Welt!

Lasst uns nur noch den Mund halten und an Dinge denken, für die es keine Worte gibt!

... oder wenigstens an Kinderschlafanzüge,

und diese Welt wird ein besserer Ort sein!

Und jetzt Schnauze!

PHILIPP SCHARRI
DAS DICHTERDUELL

Zwei Dichter, jeder ein Meister in seinem Fach,
Zornig ob des, was der andre zum einen sprach,
Wollten, bevor man einander die Beine brach,
Sich duellieren, zu klär'n ihren kleinen Krach.

Trafen sich nachts, von Nebeln umwabert;
Beim Dichterstreit wird, statt zu säbeln, gelabert –
So steh'n sie nun da, ihre Worte zu wählen,
Zehn Schritte zu tun und laut vorzuzählen ...

Der Ältere zückt seine spitze Zunge,
Schärft ihre Klänge mit Witz, und der Junge
Lädt seine Sprüchekanone – bei acht
Fahr'n beide herum und beginnen die Schlacht!

Jeder versucht, mit Verbalattacken
Wild auf dem andern herumzuhacken,
Man schmeißt mit Stichworten um sich, drischt Phrasen,
Gesprächsfetzen fliegen und landen im Rasen ...

Dann scheint der Schlagabtausch auch schon vorbei,
Doch stumm umrunden sich weiter die zwei
In enger werdenden Themenkreisen,
Nur ab und zu stichelnd mit Querverweisen.

Der Alte holt jäh aus zum Zungenschlag –
Mit Gegendarstellungen wehrt ihn der Junge ab,
Täuscht dann kurz an mit Scheinargumenten
Und trifft seinen Gegner gezielt mit Pointen.

Der nutzt des anderen Bildungslücken,
Um ihm 'nen ätzenden Spruch reinzudrücken:
'nen linken Slogan und dann noch 'nen rechten,
So sehr der sich müht, alles anzufechten.

Doch weil er nichts richtig begründen kann,
Macht er den Gegner von hinten an,
Der geschickt seines Angreifers Fragen vermeidet,
Per Seitenhieb flink ihm das Wort abschneidet.

Da hebt der Junge sein Sprachrohr, er legt an,
Zielt auf den Alten, der nicht aus dem Weg kann,
Und feuert ihm Salven von Silben entgegen,
Dass ringsherum leere Worthülsen regnen!

Der Alte stürzt auf den Feind mit Geschrei zu,
Nimmt Stellung und kontert japanisch mit: »Haiii-Ku!«
Fünf Schläge, dann sieben, dann noch mal fünf Stück –
Der Rivale, er stottert, nimmt alles zurück,

Bis er, auf allen Vierzeilern kriechend vor Schmerzen,
Malträtiert von des Alten Versen,
Der lautstark gewaltige Reden schwingt,
Persönlich getroffen zu Boden sinkt.

Siegesgewiss bringt der Kontrahent
Das vernichtende Totschlagargument,
Da beschert ihm das Opfer mit letztem Spruch
Am Versfuß einen ironischen Bruch!

So sieht man die Dichter, ohne zu siegen,
Mundtot im eigenen Herzblut liegen ...
Und etwas abseits liegt hinter der Mauer
Des Schweigens ein kleines Gerücht auf der Lauer.

Das geht nun in Umlauf nach uralter Sitte:
Wenn zweie sich streiten, verkündet's der Dritte,
Damit es ein jeder auch nimmer vergisst:
Dass Reden nicht immer die friedlichste Lösung ist ...

HELGE THUN
DER VORMUND

EINS: Ja, hallo und schönen ...

ZWEI: ... guten Tag.

EINS: Mein Name ist ...

ZWEI: ... Jakob ...

EINS: ... und ich sag
euch jetzt ganz ehrlich, was ...

ZWEI: ... ich denke,

EINS: und zwar mit Worten,

ZWEI: die ich dir schenke.

EINS: Bitte? Entschuldigung, könnt'st du mal sagen,

BEIDE: warum du/ich nun bereits seit Tagen ...

ZWEI: ... dir ständig deinen Text vorsage?

EINS: Äh, ja genau, das war ...

ZWEI: ... – ich weiß – die Frage.
Ich bin dein Vormund.

EINS: Haha, guter ...

ZWEI: ... Witz?
Nein, ganz im Ernst, nur darum sitz
ich hier. Ich denk für dich!

EINS: Das glaubst du ja wohl selber nich'.
Ich kann für mich alleine ... dings ...

ZWEI: ... sprechen?

EINS: Ja, genau. Das ist doch wohl zum Kotzen!

ZWEI: Brechen!

EINS: Bitte?

ZWEI: Brechen!
»Kotzen« reimt sich nicht auf »sprechen«.

EINS: Du bist doch ...
ZWEI: ... immer einen Schritt voraus.
        Pass auf, so sieht die Sache aus:
        Ich denke vor, und du denkst nach.
EINS: Ach!?
ZWEI: Wenn ich's dir doch sach!
        Du bist der Hinter-, ich der Vorgedanke,
        was mir einfällt, sprichst du aus,
        du selbst bist noch beschränkter als 'ne Schranke,
        so sieht's aus!
EINS: So'n Quatsch, da lachen doch die ...
ZWEI: ... Kälber.
EINS: Mensch, denken kann ich ja wohl ...
ZWEI: ... selber?
        Na bitte. Lass dich durch mich nicht stören.
        Die Gedanken würd' ich gern mal hören.
        Na los, nur immer frei heraus,
        denk dir ein Wort, und sprich es aus!
EINS: Also gut, dann sag ich einfach ...
BEIDE: ... Bienenwachs!
ZWEI: Wie du willst, denk dir was aus, und sag's!
EINS: Sehr witzig,
BEIDE: Zufall!
EINS: Jetzt pass auf,
        denn dieses Mal ...
ZWEI: ... komm ich nicht drauf.
EINS: Jawohl, jetzt sag ich nämlich ...
BEIDE: ... Apfelsine ...
        ... Rasenmäher ... Spülmaschine ...
        ... Kerzenständer ... Küchenmixer!
EINS: Mensch, hau doch ab ...
BEIDE: ... du blöder Wichser!
        Blödmann! ... Arschloch!
EINS: So ein Scheiß,
        das wollt' ich auch grad sagen ...

ZWEI: Ja, ich weiß!

EINS: Und woran denk ich bitte jetzt?

ZWEI: An ein Huhn, das sich verletzt!
       Stimmt's, oder hab ich recht?

EINS: Entschuldigung, mir wird grad schlecht.
       Die Gedanken sind doch schließlich frei!

ZWEI: Ja, aber nur bei einem von uns zwei'n.

EINS: Du meinst, ich hab ...

ZWEI: ... gar keine Wahl,
       du musst das sagen, was ich denke.

EINS: Aber das ist doch die reinste ...

ZWEI: ... Qual?
       Nur weil ich deine Worte lenke?
       Jetzt verlier doch hier nicht gleich den Mut.
       Du, mir geht's auch nicht immer gut.
       Ich würd' auch gern mal was andres treiben,
       als immer deine Texte schreiben.

EINS: Wieso »schreiben«? Ich denk »denken«!

ZWEI: Ganz schön warm hier drinnen, findste nich'?

EINS: Moment mal kurz, jetzt nicht ablenken.

ZWEI: Äh, wie? Bitte? Meinste mich?

EINS: Ja, wen denn sonst? Was heißt das: schreiben?

ZWEI: Du, tut mir leid, ich kann jetzt echt nicht länger bleiben ...

EINS: Hier geblieben, raus mit der Sprache,
       was soll die ganze Saache!? ... Saache?

ZWEI: Saache? ... äh ... Sache! Da hab ich mich vertippt.

EINS: Was ist denn das?

ZWEI: Das Manuskript!

EINS: Das Manuskript? Darf ich mal seh'n?

ZWEI: Du, ich muss jetzt wirklich geh'n ...

EINS: Da steht ja alles, was ich sage.

ZWEI: Ja, sag ich doch.

EINS: Nur eine Frage.

ZWEI: Ja, bitte. Frag alles, was du magst.

EINS: Hier steht auch alles, was du sagst.

ZWEI: Ja klar, das ist ja auch ein Dialog.

EINS: Hier steht ...

ZWEI: ... Ich weiß, ich überflog
       den Text schon flüchtig ... nebenbei.

EINS: Steht auch hier. Ich hab den Verdacht,
       du bist in deinem Willen auch nicht frei.

ZWEI: Pah, also, das wäre ja gelacht.
       Ich kann immer sagen, was ich will.

EINS: Kannst du nicht, auch das steht ...

ZWEI: ... still!
       Ich bin der Autor, ich hab freie Hand.

EINS: Doch sagtest nur, was hier schon stand.

BEIDE: Ja, aber ... das ist ja nur ... ach, hör doch auf!

EINS: Steht auch hier alles drauf.

ZWEI: Okay, pass auf. Ich sage jetzt was anderes,
       und zwar ...

EINS: ... was Interessanteres?

ZWEI: Sehr witzig!

EINS: Fand ich auch!

ZWEI: Ich sprech jetzt ...

BEIDE: ... frei aus dem Bauch:
       Achtung:

       ...

       Schlachtung!

       ...

       Die Indianer ham den Feind eingekesselt!

EINS: Du bist ja sogar ans Metrum gefesselt.

ZWEI: Das stand doch nie im Leben da drin,
       das ergäbe ja gar keinen Sinn!

EINS: Pssst ... doch nicht vor den Leuten.

ZWEI: Ach, Schwachsinn, das würd' ja bedeuten:
       Wir sind gefangen im eigenen Text.

EINS: Wie schön, dass du das auch schon checkst.

ZWEI: Scheiße, das kann doch nicht sein.

EINS: Hier, schau doch selber mal rein.

ZWEI: ... Die Indianer ham den Feind eingekesselt ...

... Du bist ja sogar ans Metrum gefesselt ...

... Wir sind gefangen im eigenen Text ...

EINS: ... Wie schön, dass du das auch schon checkst ...

ZWEI: ... Was gucksťn so? Glaubst du, mir macht das Spaß?

EINS: Ja, bin ich etwa schuld, oder was?

Du hast doch den Text geschrieben!

ZWEI: Ja, wärst du mal am Text geblieben!

EINS: Bin ich doch geblieben – da!

ZWEI: Ja!

Aber nicht, als ich am Schreiben war!

EINS: Aber da war ich doch gar nicht dabei!

ZWEI: Doch, in meinem Kopf. Ich war ja nicht frei.

Nie wolltest du sagen, was ich von dir wollte!

EINS: Woher sollť ich denn wissen, dass ich das sollte?

Ich hab halt meinen Kopf, und du hast deinen.

ZWEI: Das sollť man grad jetzt nicht mehr meinen.

EINS: Du hattest einfach nicht genug Geduld!

ZWEI: Das lag doch nur an deinen Fragen!

BEIDE: Du bist doch an allem schuld?!

Das lass ich mir von dir nicht vorsagen, nachsagen, vorsagen, nachsagen, vorsagen, nachsagen ...!

Diesen Text anhören:
www.slamfibel.de/titel19.mp3

16.
WÖRTERSCHLUSSVERKAUF

RENÉ SYDOW
SCHREIBEN SIE! SCHREIBEN SIE!

»Aber etwas Gutes! Wahres! Schönes! Es soll sich auch verkaufen«, bittet mich mein Verleger. »Vielleicht etwas Lustiges. Die Leute brauchen so etwas bei all dem Elend.«
Ich frage ihn, was ich machen soll, wenn mir nichts Lustiges einfallen mag.
»Schreiben Sie! Schreiben Sie! Egal was! Sie sind doch der Dichter! Fangen Sie einfach an! Am Anfang ist doch das Wort.«
Ich gehe nach Hause. Fernseher an. Am Anfang ist der Sport. Ich schaue Fußball-WM und sehe fast zwei Dutzend Millionäre, die einem Ball hinterherrennen, der pro Stück 129 Euro kostet, während die Arbeiter in Pakistan, die dieses Wunderwerk zusammennähen, ebenso wie die Trikotschneiderinnen in El Salvador kaum 146 Euro im Monat verdienen. Darüber würde ich gerne schreiben. Das würde aber kaum witzig werden.
Na gut, dann über die Studie katholischer Wissenschaftler, laut der Vegetarier sehr viel häufiger an Allergien und seelischen Störungen leiden als Fleischfresser, weil sie möglicherweise bei der Kommunion statt des Leibes Christi nur ein Häppchen Dornenkrone abbekamen. Diese Theorie fände dann aber wieder nur ich allein komisch, winke geistig ab und beiße in das noch lebendige Schwein, das lustvoll unter meinen Zähnen aufquiekt. Ich werde

surreal, das geht natürlich nicht. Jetzt bleiben wir mal auf dem Teppich, sagen die Motten.

Am Anfang war das Wort. Das ist eine schlechte Nachricht für all die Dichter und Denker da draußen, die sich über den Tellerminenrand der Lachbomben hinaus Gedanken machen; bewegen heutzutage Worte doch so gut wie nichts mehr, die Jugend twittert Steno und spricht im Morsealphabet, Anglizismen haben die Alltagssprache zum Drive-In-Talk gemacht, und wenn wir mal ehrlich sind, dann hat der Satz »Rahn müsste schießen« immer noch mehr Herzen bewegt, mehr Leidenschaft entfacht und sich tiefer ins kollektive Gedächtnis eingegraben als alle Werke von Botho Strauß und Peter Handke zusammen. Tut mir leid, Dichter! Ein so starker Satz ist dir nicht eingefallen. Setzen, sechs (oder miserabel, wie man es treffender ausdrücken könnte)!

Am Anfang steht das Wort, lustig wird es heute nicht mehr, dann also: gut, wahr und schön! Bedenke, Herbert Zimmermann hat vorgelegt! Jetzt geht es daran, die Herzen zu erreichen, mit Poesie, Geschichten und Sprache.

Doch was kommt von deiner Seite, Dichter?

»Lahm müsste niesen«, oder gewagter: »Harn müsste fließen.« Na, bravo! Das klingt nach der verbeamteten Sauertopf-Literatur der Schreibinstitute, der verordneten Selbstbespiegelung, wo keine Geschichten mehr erfunden, nur noch überwunden werden, und bei all der Nabelschau entdeckt man nur Fussel, die dann auch noch gedruckt und bejubelt werden in Zeiten des abflachenden Nichts. Das sind doch nicht die Dichter, die Wortdrechsler, in deren Gesellschaft man sich begeben möchte! Am Anfang steht das Wort! Aber danach muss es geschliffen werden! Und wenn man sich schon in eine Gesellschaft begibt, so muss man sie auch verändern, und wenn man sich verkaufen muss, dann doch bitte nicht auf dem Gedankenstrich.

Hisse die Druckfahnen! Wo ist die Leidenschaft für Worte, der Traum von einer Erzählung, der Wahn? ... Da haben wir es doch! Wahn! »Wahn müsste sprießen!« Ich sehe eine Wiese voll mit Wahn-Lampen, Wahn-Schildern und haufenweise Wahn-Sinn, die schönste aller Windrosen. Genau das soll Sprache doch sein. Eine Windrose, die Richtung und Geschwindigkeit eines Gehirnsturmes misst.

Ich pflege meine zarten Pflänzchen, all die Ideen, die hervorsprießen aus einem Herzrasen, der so oft niedergemäht wird von Gärtnern, die vormals Böcke waren. Den Wahn-Sinn werde ich gießen, bis ich Bäume aus meinem Kopf schlagen kann. Und die Zwiebeln dieser Wahn-Blumen beziehe ich nicht aus Sinn-City, sondern aus Sinn-Cinatti oder einfach direkt aus Sinn, das liegt in Hessen und hat einen parteilosen Bürgermeister, was mir ohnehin schon einmal sympathisch ist.

So, Dichter! Schreib! Hab Ideen! Denn am Anfang war das Licht, Erleuchtung, Enlightment, Aufklarung und -klärung. Das sollen unsere Texte doch sein, ein Er-Klärwerk von Leuten, die wie die Leser das Leben kaum verstehen und dennoch recht behalten. Wir tragen mit unseren Texten Verantwortung für das Leben der Anderen. Und damit meine ich sicher nicht den Film, sondern das Gute, Schöne, Wahre außerhalb der Kunst.

Und was brauchen wir denn wirklich im Leben? Du und ich? Dichter und Leser? Unsere eigenen vier Hände, mit denen wir uns im Sturm aneinanderhalten, ein stilles Wörtchen, vielleicht eine Katze zum Mausgebrauch und einen Text, der genug Wärme für drei Winter hat. Ich arbeite daran.

Denn am Anfang ist der Ort, und dies ist mein Schreibtisch, an dem ich Wortspiele baue – oder wie ich sie nenne: Sydownyme –, um Sprache einen neuen Sinn und meinem Schreiben einen guten Grund zu geben, und es darf auch gern einmal ein Abgrund sein. Also, liebe Leser, halten Sie sich fest oder Ihren Nachbarn! Verlangen Sie nichts von den anderen, aber alles von mir! Groß ist nur, was das Herz belebt, und wenn es einen Preis gäbe für Hingabe, dann bitte ich höflichst um Verleihung!

»Schreiben Sie! Schreiben Sie!«, sagte mein Verleger und hatte völlig recht. Die Gesellschaft, in der ich mich bewege, hat mich verändert, und auch ich wurde ein Nabelbohrer, der sich jetzt frei machen muss von dem, was gerade Mode ist.

Doch zum Glück ruft aus meiner Erinnerung Silesius: »Mensch, werde wesentlich!« Und ich begradige meinen Herzweg, und ich besinne mich aufs Hören, Riechen, Schmecken, Sehen und Fühlen und breite meinen Froh-Sinn aus auf dem Papier, meinen Gemein-Sinn und natürlich auch meinen Wahn-Sinn. Das habe ich dem Leser ja versprochen. Denn am Anfang ist das Wort. Und das muss man halten.

FÜNFFACHER WORTWERT

Verbalaccessoires im Komplettset für jeden Anlass
Dein Push-up für die mentale Oberweite
Top, Rock, Jeans und Sneakers sind wichtig
Doch du brauchst zum Outfit auch 'ne glaubwürdige Wortwahl

Wir stylen dein unsportliches Geblubber von ALG II zu SLK 320
Von Diskussion zu Disco, von Malaria zu Malaga
Wir upgraden jede banale Party zur exklusiven Festivität
Die verbale Komplettlösung für Sie und Ihn – fünffacher Wortwert!
Verbalaccessoires im Komplettset für jeden Anlass

Maßgeschneiderter Content für den kleinen Talk zwischendurch
Lidstrich, Make-up und Lippenstift sind wichtig
Doch du brauchst zum Outfit auch 'ne glaubwürdige Wortwahl

Wir hätten da die Satzkollektion Typ »Geschäftsfrau mit Anspruch«
Flüstern Sie: »Lilien strahlen Fasern im Abendglanz warm.«
Hauchen Sie: »Rotwein wohnt wohl hoch oben im Wonnemonat.«
Tragen Sie stets ein »Selig schweben Schwan und Schwalbe, ewig lebt
nicht ganz das Halbe« auf den Lippen

Wörter wie Nippel, Naturkatastrophe, Hip-Hop, Notunterkunft,
Persilschein, Uplifting, Restposten, Heckenschütze, Schatzi, Han-
dyklingelton, Flipper, Krisenintervention, Systemadministrator,
Gruppensex, Massenkarambolage, Killer oder Nikolauslaufen
sollten Sie meiden!

Verbalaccessoires im Komplettset für jeden Anlass
Wir helfen Gefühle in Worte zu kleiden
Bei Glamour-Jeans sind Goldfäden
Strasssteine, Perlen und Pailletten extrem wichtig
Doch du brauchst zum Outfit auch 'ne glaubwürdige Wortwahl
Wir hätten da die Satzkollektion Typ »wilder Rebell«

Rufen Sie: »Hasta la victoria siempre Coca-Cola!«
Skandieren Sie: »MT-Vi-va la Revolucion und zwei Cuba Libre, bitte!«
Tragen Sie stets ein Dutschke-Zitat auf den Lippen, z. B.: »Wenn die Struktur des integralen Etatismus durch alle seine institutionellen Vermittlungen hindurch ein gigantisches System von Manipulation darstellt, so stellt dieses eine neue Qualität von Leiden der Massen her, die nicht mehr aus sich selbst heraus fähig sind, sich zu empören.«

Wörter wie Zuneigung, Realität, Zippo, notgeil, Kaugummiautomat, Bausparvertrag, Mama, Sakko, Flutschi, Brigitte-Diät, Schamhaar, Gummibärchen, Bastei Lübbe, RegionalExpress, Paniermehl, Vorhautverengung, Schnappi, Fusselcheck, Sekretstau und Pizza Hawaii sollten Sie in jedem Fall meiden!

Verbalaccessoires im Komplettset für jeden Anlass
Dein Korsett, um Gedanken Haltung zu geben
Schnürung, Doppelnaht und Dekolleté sind extrem wichtig
Doch du brauchst zum Outfit auch 'ne glaubwürdige Wortwahl
Wir hätten da die Satzkollektion Typ »Glamour-Girl«

Grundsätzlich gilt: Reden Sie nur, wenn es sich nicht vermeiden lässt
Ansonsten sagen Sie: »Well, you know, I think, everything is really quite okay right now.«
Fragen Sie Ihr Gegenüber dreimal nacheinander: »Excuse me, what was your name again? – Excuse me, what was your name again? – Excuse me, what was your name again?«

Und bemerken Sie bei Gelegenheit: »Well, I think I like the red pills better than the blue ones.«

Wörter wie Friséesalat, Nickelallergie, Schnellimbiss, 99-Pfennig-Paradies, Diaphragma, Kreuzworträtsel, Dispokredit, Grabbeltisch, Nasenscheidewand, Gewerkschaft, Fassadenbegrünung, Wohltätigkeitsbasar, Blasebalg, Schließmuskel, Bundeskanzler, Körbchengröße, Naturschutzbund, Niedriglohnsektor und Parodontose sollten Sie in jedem Fall vermeiden!

Verbalaccessoires im Komplettset für jeden Anlass
Wir liefern Reizworte statt Reizwäsche
Beim Night Special sind Tangas und Boxershorts extrem wichtig
Doch du brauchst zum Outfit auch 'ne glaubwürdige Wortwahl

Da wäre die Satzkollektion Typ »Gentleman der alten Schule«
Der Standardsatz lautet: »Es gelingt mir beim besten Willen nicht, mich über Vorkommnisse wie diese zu amüsieren.«
Variieren Sie nach Belieben: »Es will mir beim allerbesten Willen nicht gelingen, mich über Vorkommnisse wie diese zu amüsieren.«
»Mich über Vorkommnisse wie diese zu amüsieren, will mir beim allerbesten Willen nicht gelingen.«

Wörter wie Nackenrolle, Puderdose, Flittchen, Portionierlöffel, Punkrock, Raufaser, Darkroom, Pimpf, Pfennigabsatz, Dany Plus Sahne, Parkplatztreff, Niveau, Pantoffel, Rindergeschnetzeltes, Kulturgut, Weißherbst, Praline, Erbrecht, Suhrkamp, Schnuller, Käsekästchen, Privatsekretär und Hack sollten Sie in jedem Fall vermeiden
Verbalaccessoires im Komplettset für jeden Anlass

Egal, ob halterlose Strümpfe oder haltlose Argumente
Stockings und Socken sind wichtig
Doch du brauchst zum Outfit auch 'ne glaubwürdige Wortwahl

Verbalaccessoires im Komplettset für jeden Anlass
Von ihrer freundlichen Agentur *Fünffacher Wortwert!*

MARC-UWE KLING
WIR (100 WORTE)

Wir mehr Sie leben your einfach gut macht alles besser Ihr you
Magazin Life immer ich Zukunft we Ihre Welt Genuss Natur machen Energie alle seit schön mein man neue uns genießen Ideen
Business beste nur nicht schmeckt hier dich natürlich World du
more frisch gutes Power erleben Art ganz günstig Wissen Qualität
gute besten Leistung Tag Geschmack on anders People Zeit Erfolg
Liebe dir unser make Gesundheit just Way kann Leidenschaft reisen Menschen sicher heute Land dein Deutschlands love better
mich Design Bank Sicherheit Haut Solutions Weg gesunde Fu-
ture Style Sport Stadt geht meine that Kraft Ihren Zuhause stark.

*(Beim Finale der Deutschsprachigen Poetry-Slam-Meisterschaften 2007
im Berliner Admiralspalast setzte sich Marc-Uwe Kling mit diesem
abstrakten Text im Stechen durch. Er besteht allein aus den hundert
Wörtern, die 2007 am häufigsten in deutschen Werbeslogans benutzt
wurden und zwar in der Reihenfolge ihrer Häufigkeit. Marc-Uwe Kling
wiederholte die Wörter solange, bis sich aus der scheinbar sinnlosen Zu-
sammenreihung immer neue Bedeutungszusammenhänge ergaben. –
Anm. d. Hrsg.)*

DANN IST ABER SCHLUSS

Wenn ein junger Reimeschmied
Das Leid sich von der Seele nimmt
Und er dabei den Rhythmus flieht
Und es ihm aber so was von egal ist
Ob der auch nur im Entferntesten stimmt
       Dann ist aber Schluss

Wenn er sich dann Dichter nennt
Und in einer Reihe glaubt
Mit welchen, die er nicht mal kennt
Nicht inhaltlich noch überhaupt
       Dann ist aber Schluss

Denn diese hätten ihm gezeigt
Wo es langgeht, wer er ist
Die Meinung und den Marsch gegeigt
Das Maß erklärt, mit dem man misst
       Wirklich, jetzt ist Schluss

Achtet er nicht auf sein Versmaß
Studiert er nicht von früh bis spät
Reimt er »et« auf »ät« und das mit Spaß
Ja, dann, dann ist er kein Poet
       Ihr habt doch ’nen Schuss

Werte entehrte Gelehrte unter der Erde, die Fährte der Gerte war die
verkehrte, weil Härte die Herzen derer entleert, die andere Werte
verehrten, und mehrere Lehrer die Fehler der Väter trotz sehender
Mahner vermehrten.

Wenn ein arbeitsloser Trinker
Auf der Parkbank Riesling trinkt
Und als passionierter Stinker
In die Grünanlage stinkt
        Dann ist aber Schluss

Wenn das Geld, das er verschwendet
Aus dem Steuersack entschwindet
Er es nur für Wein verwendet
Mit dem er dann sein Sein verwindet
        Dann ist aber Schluss

Dann kommen Vorschläge der Reichen
Weil es dann endgültig reicht
Er solle ihre Boote streichen
Weil man ihm sonst die Heizung streicht
        Wirklich, jetzt ist Schluss

Sollte er nicht akzeptieren
Hätt' er damit akzeptiert
Dann im Winter halt zu frieren
Selber schuld, wenn er erfriert
        Ihr habt doch 'nen Schuss

Werte entehrte Gelehrte unter der Erde, die Fährte der Gerte war
die verkehrte, weil Härte die Herzen derer entleerte, die andere
Werte verehrten, und mehrere Lehrer die Fehler der Väter trotz
sehender Mahner vermehrten.

Wenn sie über die Strenge schlagen
Wenn es diese Bengel wagen
Dich erst nach dem Weg zu fragen
Um dann »Hurensohn« zu sagen
        Dann ist auch mal Schluss

Wenn Gewalt zum Hobby wird
Gangsterrap zur Lobby wird
Wenn Asphalt gerötet wird
Und, wer hilft, getötet wird
   Dann ist aber Schluss

Dann beginnt das Überlegen
Früher hätt's das nicht gegeben
Dann beginnt die laute Hetze
Harte Hände und Gesetze
   Wirklich, jetzt ist Schluss

Keine Gnade für die Schweine
So wie früher an die Leine
»Handelt hier mal jemand endlich«
Und dann gibt's zwölfmal Lebenslänglich
   Ihr habt doch 'nen Schuss

Werte entehrte Gelehrte unter der Erde, die Fährte der Gerte war
die verkehrte, weil Härte die Herzen derer entleerte, die andere
Werte verehrten, und mehrere Lehrer die Fehler der Väter trotz
sehender Mahner vermehrten.
   Ihr habt doch 'nen Schuss!

Natürlich haben die sich dabei was gedacht
Aber eben mehr als »das wird so gemacht«
Nur, so sicher sich der Affe vorm Auto erschreckt
Ist, dass der Dumme sich hinter Regeln versteckt
Auch wenn er sie ganz anders versteht
Und weil sich mir bei dem Gedanken der Magen rumdreht

  Ist jetzt Schluss

www.slamfibel.de/titel20.mp3

17.
REMIXCYCLING

FRANK KLÖTGEN
KOTTBUSSER TOR

(Unter Verwendung diverser Zutaten von: Friedrich von Schiller, Else Lasker-Schüler, Erich Fried, Joseph von Eichendorff, Paul Celan, Theodor Fontane, Jakob von Hoddis, Christian Morgenstern, Ernst Jandl, Bertolt Brecht, Rainer Maria Rilke, Johann Wolfgang von Goethe, Annette von Droste-Hülshoff, Kurt Tucholsky, Eduard Mörike, Gottfried Benn, William Shakespeare, Erich Kästner, Hans Magnus Enzensberger, Heinrich Heine, Das Hildebrandlied, Walther von der Vogelweide, Joachim Ringelnatz, Kurt Schwitters, Frank Wedekind, Theodor Storm)

O schaurig ist's, durchs Tor zu geh'n,
zu tauchen hinab in des Kottis Schlund.
Doch das Date mit Madeleine,
es drängt mich in den Untergrund.
Für 'n anderen Ritt, Mann, würd's zu knapp,
und ins Unter-aller-Tage
rollt die Treppe mich hinab.
Denn Anschluss oder Anschiss; das ist hier die Frage:

In diesem üblen Grunde
da dreht das U-Bahn-Rad,
es bleibt im Siff verschwunden,
der sich gewöhnt dran hat.

Vollwertdönerfettspur-Studis,
Töchter aus Asylium,
Tölen und Kulturschock-Touris
lümmeln sich am Kotti rum.
Mein Girl, das wartet anderswo,
und noch zwanzig Minuten bis Bahnhof Zoo.

Kottis Kotz' ätzt,
oh, trotze Kottis Motz-Verkäufern,
horch hops'nden Rotz im Kropf von Säufern.
Und die Alkis komm'n meistens aus Kreuzberg, die trinken hier abends,
die trinken hier mittags und morgens, die trinken hier nachts,
und die trinken und trinken.
Die hab'n kein Zuhause, einer blau wie für vier,
hatten niemals 'ne bessere Note.
Nun tanzen die Ratten mit Geklirr,
und brechen vor die U-Bahn-Tür . . .
Auch Weihnachten gab's wieder Tote.

Und auch den Muff, ich hätt' ihn längst vergessen,
wenn nicht die Wolke da gewesen wär',
die weiß ich noch und werd ich immer wissen,
weil hier immer die Punks hinpissen
im Strullduett mit Junkie-Spalten.
Was sollte man auch an sich halten,
solang die Blase nicht ganz leer.
Zur Eile drängt's uns sowieso,
und noch zwanzig Minuten bis Bahnhof Zoo.

Voran, voran! Nur immer im Lauf,
heut hält mich auch kein Schnorrer auf!
»Haste'n Euro?« – »Ich haste zur Maid,
Kerlchen, wenn du nur Geld willst, was stiehlst du mir Zeit?
Bin immerzu eilig statt
immer zu!

Das Girl ist mir heilig,
ohne Rast und Ruh'!
Drum:
Ruhe sanft,
kleiner Rasta!«
Ick hab gihort, dat die Zeggen,
mit gehortetem Zaster in Tegel einchecken!
Der blickt mich grimmig an und speit
aus Seiberlippen-Zwillen.
Wisst ihr,
weshalb?
Der Geschei-
terte
tat's um des Schleimes willen.

Denkst du am Kotti in der Nacht,
bist du stets videoüberwacht? Nee.
Die Kamera ist vom Vorübergeh'n der Irren
so müd' geworden, dass sie die Aufzeichnung stoppt.
Ihr ist, als würd'n die immergleichen bleichen Leichen langsam
reichen.
Scheißegal, wer wen verkloppt;
die Bahn ist da, die Minderjähr'gen hupfen
an Bord, um dicken Damen auf den Pelz zu rücken.
»Hey, Meister, suchste wat zu schnupfen?
Weiße Bahnen, wat zu drücken?«
Es ist Haarlack,
sagt der rasierte Schädel.
Es ist Trockenmilch,
sagt die stillende Brust.
Es kickt, wenn es kickt,
sagt die Liebe.

Die Liebste belieb' ich auf andrem Niveau,
da erreicht mich ein Anruf, und ich sag: »Hallo?
Madeleine, du bist's!

Dich hab ich vernommen.
Steig grad in die Bahn ein und würd' dann jetzt kommen.
Wie: Wieder raus? Ja, wie komm ich dazu?!
Wie: Kutteldimuddeldidaddeldidu?
Red keine Oden, Frau, lies die Fahrpläne!«
Da erklärt mir Madeleine
das am Zoo just Geseh'ne:
»Da war ein Vater mit seinem Kind ...«
»Ach, die, die sonst am Kotti sind ...«
Die sah'n mein Mädel, und dann rief wer: »Lütt Dirn,
wir verkoofen dir jern unsre Reste vom Hirn.«
Dort hätte sie nicht wagen wollen
zu warten, wie sie hätte sollen.
Sie sei schon in der richt'gen Bahn
und würd' mir jetzt entgegenfahr'n.
Ich sollt' mir halt die Zeit vertreiben
und einfach dort am Kotti bleiben.

»Herzeliebez frouwelîn,
mitunter gibt es Heldentaten,
die kannst nicht einmal du erwarten.
Für manche Tat, da fehlt mir einfach der Mut,
wie andern Leuten ein Stock oder Hut.
Mich schreckte kein Fefefefefischgerippe,
ich scheute Wedekind noch Storm,
wär' wissenslos, doch stets inform
und setzte mich pfeifend dem Tod auf die Schippe.
Dort harrte ich deiner – Dekaden, du Gute,
nur am Kottbusser Tor wart ich keene
... Nee, echt nicht!«

Hier wird trotz fehl'ndem Happy End
det Poem einfach abjeblendt.
Der Silbensack, der schnürt sich zu,

und lasst die Dichter mir in Ruh'!

WOLF HOGEKAMP
DIESER TEXT

Sorry, aber in diesem Text wird sich nicht entschuldigt,
in diesem Text ist auch nicht plötzlich der Akku leer.
In diesem Text kommt niemand zu spät,
auch nicht die Deutsche Bahn.
»Das gefällt mir« kommt auch nicht vor.
In diesem Text ist auch niemand total betroffen,
in diesem Text wird auch nicht gedisst.
In diesem Text beißt niemand in irgendeine scheiß Bifi.
Ja, in diesem Text isst niemand Fleisch,
aber es ist auch niemand Vegetarier.
In diesem Text wird nicht geroffelt oder gelolt,
niemand rollt vor lauter Lachen über den Flur.
In diesem Text kommt nicht ein einziger Yoloswagger vor,
wer oder was immer das auch ist,
es kommt in diesem Text nicht vor.
In diesem Text kommt noch nicht einmal das nächste, neueste,
krasseste Festival vor, auch nicht die »Fusion«.
Es wird auch nichts ausgeheckt, auch nicht auf dem Parkdeck.
Niemand sagt »Bitch« oder »ja nee, is klar, ne«.
In diesem Text macht Gentrifizierung keinen Sinn,
es macht auch nicht plötzlich BÄÄM.
In diesem Text gibt es keine Liebeslyrik,
und Pandababys, ja, Pandababys kommen auch nicht vor.
In diesem Text gibt es keinen Troll, so voll niedlich und tapsig.
In diesem Text wird nicht prokrastiniert, es gibt auch kein Opfer.
In diesem Text gibt es noch nicht einmal Hipster
oder irgendeinen, der jetzt gleich einen neuen Blog eröffnet.

In diesem Text gibt es keinen
Was-mir-so-richtig-auf-den-Sack-geht-Kack.
Dieser Text hat noch nicht einmal einen sozialkritischen
Hintergrund,
und selbst das Wetter spielt keine Rolle.
In diesem Text sagt kein Mensch »du bildungsferne Crackhure«,
und nein, in diesem Text geht es nicht um die »inneren Werte«.
Dieser Text ist nicht illustriert,
Schwarz-Weiß-Fotos suchst du vergebens,
dieser Text ist nicht retro oder vintage.
In diesem Text geht auch niemand ständig shoppen, und wie,
was ist mit »Breaking Bad« und »Game of Thrones«?
Kommt nicht vor.
Niemand wird in diesem Text von Vampiren gebissen,
»Das ist aber eigentlich schade« sagt auch niemand.
In diesem Text trägt auch keiner Hollister-T-Shirts,
und auf Gender Studies wurde in diesem Text verzichtet.
In diesem Text gibt es keinen einzigen Menschen,
der irgendwas mit Medien macht.

In diesem Text geht auch niemand gleich 'ne Pizza holen.
»Und wenn du schon 'ne Pizza holst, frag doch mal, ob die
auch Club-Mate haben.«
In diesem Text gibt es noch nicht einmal einen Menschen mit
Migrantenhintergrund.
Es gibt kein kreatives Chaos, und niemand sagt: »Obwohl ...«
»Into Your Face« und »voll auf die Fresse« in diesem Text?
Vergiss es!
In diesem Text gibt es keine Kapitalismuskritik,
und nein, man kann diesen Text nicht als MP3 downloaden.
Dieser Text hat keine Urheberrechtsverletzungen oder
Schreibblockaden, es werden keine Banken gerettet,
und es gibt auch keine Castingshows.
Ja, könnte es sein, dass dieser Text politisch gar nicht korrekt ist?

In diesem Text ist niemand zu jung oder zu alt,
und dieser Text ist auch nicht barrierefrei.
In diesem Text ist nichts zu peinlich oder zu krass.
In diesem Text wird auch nicht gebouncet,
es wird überhaupt nicht gefeiert.
In diesem Text gibt es keine Fickgedichte,
dieser Text hat auch keinen Wackness-Faktor.
Es wird auch nicht getwittert.
Niemand sagt: »Das war jetzt aber nicht so gemeint, oder?«
In diesem Text hat niemand Depressionen,
und auf Tierschützer wurde verzichtet.
In diesen Text kann man nichts N I C E finden,
denn in diesem Text wird auch kein Schnaps getrunken,
ja, in diesem Text ist niemand breit.
Auch nicht deine Mudda.

KEIN GEDICHT

(für und nach Rolf Dieter Brinkmann)

Ein Leben geben, dauert neun Monate.
Es zu nehmen, geht auf Knopfdruck.
Per Fernbedienung.
Und dann liegt da im Schützengraben ein Soldat,
zu Hause die Familie, Frau und Sohn ... Der Junge
schmiert sich ein Sandwich.

Vielleicht sollte da im Schützengraben nicht
der Soldat liegen, sondern
sein Sohn. Dieses Kind sollte da liegen

und sterben.
Aus dramaturgischen Gründen.

Es ist viel emotionaler, wenn ein Kind stirbt,
jemand, der sein ganzes Leben
noch vor sich hat.

Es ist viel emotionaler, weil wir instinktiv
darauf programmiert sind:
Kindchenschema, Beschützerinstinkt, Automatismus,

mehr nicht. Aber bitte.
Wenn es denn nützt,

diesem Gedicht, der Dramaturgie, der Spannung?
Dann lassen wir halt das Kind sterben.
In diesem Schützengraben.

Mit schlammverschmiertem Mondgesicht,
es regnet natürlich, und es ist Heiligabend
(und das Kind hat keine Ahnung, weshalb es da in diesem Graben
liegt, statt seine Geschenke auszupacken).

Was machen wir denn jetzt mit diesem Kind?
Sollen wir es sprengen? In ein Minenfeld tappen lassen,
dass Ärmchen und Beinchen nur so durch die Luft wirbeln?

Neineineinein. Das hier ist doch kein Tarantino-Splatter.
Es soll emotional sein, direkt ins Herz gehen;
und dahin geht dann auch die Gewehrkugel,

direkt ins kleine Kinderherz.
Und dann? Stirbt es.

Im Moment des Todes ein Close-up auf die Augen,
die sich schlagartig verdrehen,
dass nur noch das Weiße zu sehen ist;

in Zeitlupe taumelt es rückwärts, verreckt mit einem Blitz
am Horizont und einem
violinenunterlegten Coldplay-Song im Hintergrund.

Ein Kollateralschaden.
Mehr nicht.

Wer soll sich denn beschweren? Das hier ist kein Krieg,
das hier ist nicht Kundus,
noch nicht mal ein Kriegsfilm über Kundus. Das hier

ist ein Gedicht. Seid ihr pikiert? Betroffen?
Oder wollt ihr gar, dass das Kind stirbt?

Irgendwas stimmt nicht.

Irgendwas stimmt nicht mit der Welt,
ihrem Publikum und vor allem

mit diesem Gedicht. Aber diesem Gedicht
ist das scheißegal.

Dieses Gedicht geht jetzt in die Küche und schmiert sich ein Sandwich. Mit Cocktailtomaten, Salat, Feta, Kaktuspesto, frittiertem Lachs, Bisonleber, aber ohne Senf – es gibt nämlich keinen Senf in diesem Gedicht, und es gibt auch keinen Sex in diesem Gedicht, oder Gestöhne oder Witze über katholische Priester. Dieses Gedicht hat ja noch nicht mal ein Geschlechtsteil. Dieses Gedicht muss grad ziemlich dringend pissen, aber das geht schlecht, so ganz ohne Schwanz, also schmiert es sich stattdessen noch ein Sandwich, denn das ist alles, was es kann,

Sandwiches in den Toaster stecken,
– versein, versaus! –
Sandwiches in den Toaster stecken.
»*Fünftausend Jahre Lyrik, und das soll alles sein?*«,

fragt es verzweifelt vor Langeweile,
doch es hat keine Uhr, auf die es gucken könnte,
um seiner Langeweile Ausdruck zu verleihen,
es gibt nämlich keine Uhren in diesem Gedicht,
vor allem gibt es keine Uhren in diesem Gedicht,
dieses Gedicht hasst Uhren, vor allem aber,
wenn Uhren als Metaphern benutzt werden,
wenn überhaupt Metaphern benutzt werden,

ES GIBT KEINE METAPHERN IN DIESEM GEDICHT.

Es gab auch schon länger keine Reime.
Ist das denn überhaupt noch ein Gedicht?
Vielleicht will dieses Gedicht ja gar kein Gedicht sein.

Vielleicht wurde es ja im falschen Notizbuch geboren.
Vielleicht stünde es viel lieber im Notizbuch von
Tracy Lauren Marrow oder Jay-Z.
Aber in diesem Gedicht gibt es keine 99 Probleme,
nicht ein einziges gibt es hier,
und außerdem gibt es keine Zitate in diesem Gedicht,
oder wie ein Gedicht einmal sagte:
»*Außerdem gibt es keine Zitate in diesem Gedicht.*«

Keine Germanisten gibt es, die dieses Gedicht
aufschneiden könnten, um es zu deuten,
so wie die Wahrsager der Antike
es mit Vogeleingeweiden zu tun pflegten.
»*Ha! Eine Metapher!*«, ruft der Germanist,
der eigentlich sehr klug,
aber in diesem Gedicht besonders dumm ist.

Irgendwas stimmt nicht.
Irgendwas stimmt nicht,
mit der Welt, dem toten Kind

und dem Gedicht.
»*Wo hat der Autor die geheime Message des Textes deponiert?*«,
fragt der dumme Dozent.
»*Was soll denn der Scheiß?*«, denkt ein Leser.
»*Vielleicht sollte im Schützengraben nicht das Kind,
sondern das Sandwich liegen*«,
denkt ein anderer.

Es gibt auch keine Wiederholungen in diesem Gedicht.
Es gibt auch keine Wiederholungen in diesem Gedicht.
Es gibt auch keine Wiederholungen, und wenn der Autor jetzt sagt,
er habe dieses Gedicht alleine geschrieben, dann lügt er vielleicht.
Und wenn er sagt, er lüge,
dann meint er vielleicht, dass er es von Jay-Z abgeschrieben hat.

»*Jay wie?*«, fragt das Gedicht
und schmiert sich noch ein Sandwich.

Es hat keine Pointe. Keinen Epilog.
Kein Resümee.
Dieses Gedicht ist hier einfach zu Ende.

Ist es nicht.

Doch, ist es.

Na ja ... fast. Aber dem Gedicht ist das alles scheißegal.

FRANK KLÖTGEN
DES LIEBLINGS WORT

*Der Duden-Verlag hatte anlässlich eines Abends zum Thema Sprach-
wandel den geladenen Autoren ein inspirationsförderndes Buchpa-
ket zugesandt. »Das Lieblingswörterbuch. Die schönsten und per-
sönlichsten Wörter prominenter Menschen« schien mir eine gute
Basis, das ultimative Lieblingsgedicht deutscher Sprache zu verfassen, indem ich einfach alle dort aufgeführten Wörter in einen Text
einbaue. Leider hatte man für die Zusammenstellung des Lieblings-
wörterbuchs zu viele Comedians und Politiker angefragt, die nicht
willens oder fähig waren, den eigenen Schatten zu überspringen.
Die insgesamt hundertzwanzig verwendeten Lieblingswörter sind im
Text am Fettdruck zu erkennen. Gerne helfe ich bei Mutmaßungen
weiter, von welcher Persönlichkeit oder C-Prominenz welcher Begriff
auserwählt wurde.*

Tauwebüberspannt ruht **das** Land in der Frühe
Harrt in **Demut** wie **Wehmut**, strahlt bar jeder Mühe
Erwartend, **dass** mein **Fräulein** die Lippen benässt
Mit dem Mund hernach formt, was mich **frommwerden** lässt:
Das **Lieblingswort**, des Lieblings Wort
Der **Freude meines Herzens** Hort
Ein Wohlklang reinster **Schokolade**
Inteuerlichste Lautparade
Die mit **Hingabe** raus in die Welt intoniert
Durch **Wahrheit** und Klarheit die Schwätzer blamiert

Konsonantenumkost tost das Luftstromgewühle
Im Stammvokal gären **Kastaniengefühle**

Wenn glockenklar säuselnd
Und Nackenhaar kräuselnd
Sich **zungenzärtlich** Schall ergießt
Als **Punkt** im Überall zerfließt
Überhochmetzt
Selbst von **Luschen** geschätzt
Ein Klang**holunderblütenbaum**
Der **flauschig**, wie durchhaucht von Schaum
Gleich **Zitterschnee** verzückt tonal
Manch **blümerantes** Lendental
Was uns – obwohl man's anders schreibt
Zu wohligstem Ohrgasmus treibt

Wenn's Trommelfell **mühselig** bebt vor Gezüschel
Wird's Flimmerhaar zum **Minnebüschel**
Ein **Grenzgang** durch der **Sehnsucht** Räume
Voll **Knabenmorgenblütenträume**
Die **Waldeslust** im Sämlingskeim
Der Teer für **Wolkenkuckucksheim**
Vom **Hochdeutsch** zur **Grundsätzlich**keit
Der Wissenschaft Verletzlichkeit
Voller **Zuneigung** will ich ihr andächtig lauschen
Den **Wortschatz** der Welt für dies **Goldstück** eintauschen
Des Lieblings Wort, das Lieblingswort
Des **Güte** führt den **Mythos** fort

Doch
Uneingedenk all der **Zuversicht**
Auch **Angst** aus diesem Worte spricht
Der süßen Schauer kurze Dauer
Schluckt wollustverlustiges **Schließlicht**schweigen
Und **Verwegenheit** verweht leis' flehend
Stiekum im **Vorübergehend**
Das **Liebäugeln** wird Blindheit Eigen
Und schwindet dahin pianissimo forte

Als Fährte ins Nichts, so wie **jiddische Worte**
Und wie ein **Schlager** trifft dich hart
Der **Fußpilz**-Kitzel **Gegenwart**
Du hörst lauter Leute Laute leiern
Der Rausch scheint Schluss, aus und vor-Bayern
Man fühlt im **Miteinander**-Sein
Sich plötzlich **mutterseel'nallein**
Was **liebenswürdig** war, ist fort
Das Lieblingswort, des Lieblings Wort

Doch
Liegst du auch am Boden, so tief sink nie
Dass dich dünkt, **Stand-up-Comedy**
Oder ähnlich **verflixt** fiese **Fisimatenten**
Könnten – **Schissimatucki** – dein **Weh**, ach ...!, beenten
Hey, könnte etwas öder sein
Als der Komik **schnöder Schein**?
Solch **Pipapo** und **Firlefanz**
Ist chancenloser **Mummenschanz**
Will statt hellere Geister nur schnellere Lacher
Klar, ein **Eiersollbruchstell'nverur**-urgh!,urgh!-**sacher**
Textilienbusöl-Kögelbrünf-Gebrabbel
Und der **Abitürk'** spricht? Rat, jetzt kommt's ... na: **Kebabbel!**
Ahjo, priml, was habbisch da noch uff de Liste ...?
Genau: **Schmackofatz** und **Schnitzelpiste!**
Noch was **Aprosdokese** zum **Abendbrot**?
Mitnichten, mitneffen ... – krieg Atemnot!
So simwa, wescht! Nö? **Doch!** Ich mail's dir, herrje ...
Adresse: **gewissvolk@dünnlauf.de**
Massier **Selbstverstand** ein, bis es jeder Idiot rafft
Und YouTube ist unsere **VideoBotschaft!**
Hier geht's nicht um des Geistes **Schlichtung**
Dreist droht ihm die Totalvernichtung!

Doch
Scheint Subsub**unternehmergeist**
Kommod und auch bequemer meist:
Besonders Humor schreit nach **Nachbearbeitung**
Höchste Konzentration – grad bei längerer Leitung
Und niemals Respekt oder **Vorfahrt** gewähr
Dem stumpfer **Schien'n-Ersatzverkehr**
Den die patente **Patentante**
Permanent entartet nannte
(Weil sie die Gefahr erkannte)

»**Freiheit** von der **Kinderstube!**«?
Unabhängigkeit, mein Bube
Ist kein Einwegkampfgerät
Erfordert **Subsidiarität!**
Die, dass sie im **Freimut** mündet
Fest in **Mutter** Sprache gründet
Veränderung, Jung, pur nach »... was nich' so is', muss!«
Ist nichts denn ein wendiger **Malapropismus!**

Sei dir **weltwach** gewahr: »Was war okay, hey?«
Dann beginn mit dem Ändern
von **Terminplanungsübersichtjahreskalender**n
Gib Fehlerhaftem ander'n Schwung
Bis hin zur **Wählerwanderung**
Greif **krüsch** zu den **Waffeln**, kein Problem
Bi der Hecken, im Plüsch, an pikanteren Stellen
SehSahne, ernte **Sonnencreme**
Schmeck die **Hitze** in **sapschig**en **Schattenmorellen**
Sei ein **Quintenzirkel**, auch ohne **Musik**
Steh nie im Wind der Schmu-Replik
Stemme **aufmüpfig** hoch deine **Blitzgneißer**-Hantel
Hüpf als Flitzer im Kreis ohne **Übergangsmantel**
Sammelsurium sei – aber mit **Fantasie!**
Die poetische Chance, **erwirtschafte** sie

Selbst im **Umweltverträglichkeitsprüfung**sabort
Das Lieblingswort, des Lieblings Wort!

Das erst ausgesprochen
Auch dich, Bursch, zur Anmut erhöbe
Doch dir reicht ein Leben als Geistes**amöbe**

18.
SPRACHHOSPIZ

SULAIMAN MASOMI
AM GRAB DER SPRACHE

1. Akt: Exposition

Es war ein trauriger Anlass, und sie sind alle gekommen.

Sämtliche Satzzeichen, Fälle, rhetorische Figuren und alle weiteren Vertreter der Sprache hatten sich auf dem Friedhof der Sprache auf der Goethestraße 75 versammelt, um einem alten Weggefährten die letzte Ehre zu erweisen.

Die Syntax brachte jeden persönlich an seinen zugewiesenen Platz, und alle warteten ganz in Schwarz gekleidet auf den Beginn der Zeremonie. Nur die Antithese fiel in ihrem weißen Discoanzug ein wenig aus dem Rahmen, aber man hatte sich an ihre stets rebellische Art gewöhnt, und sie wurde wie immer ignoriert.

Die Lautmalerei zupfte die letzten Klänge auf der Harfe, und dann stellte sich das Triumvirat der Sprache vor die Kanzel.

Links im rabenschwarzen Kleid stand die schöne Lyrik, zur rechten Hand gesellte sich die Epik, und zur Rednerkanzel begab sich, wie es üblich war auf Begräbnissen, die homoerotische Dramatik.

Die Dramatik schaute dramatisch zu irgendeinem Punkt am Horizont, rückte den Anzug zurecht, zupfte an der pinken Krawatte und begann zu sprechen:

»Liebe Freunde und Mitstreiter, wir haben uns hier alle versammelt, weil wir von einem treuen Freund und Weggefährten Abschied nehmen müssen. Ihr wisst, von wem ich spreche.

Lasst uns einen letzten Blick auf seine Herrlichkeit werfen.«

Die Deklination verbeugte sich, öffnete den Sargdeckel, und dort lag der Genitiv scheinbar friedlich schlafend. Ein Raunen ging durch die Menge, und ein weinerliches Emoticon schluchzte laut auf, als ob es nicht daran geglaubt hätte, dass der Genitiv wirklich verstorben sei.

»Ja, ja, meine lieben Freunde. Die Sprache verändert sich, und viele von uns kommen nicht mehr mit. Früher hieß es: ›Er frug‹ und nicht ›fragte‹. Es hieß: ›Er buk‹ und nicht ›backte‹. Es hieß: ›Er huk‹ und nicht ›hackte‹.«

»Ähm, das Letzte stimmt aber nicht«, warf die Rechtschreibung zaghaft ein, aber sie war als Korinthenkackerin verschrien und fand deshalb selten Gehör.

Auch diesmal ignorierte sie die Dramatik und fuhr fort: »Was hat der Genitiv nicht alles für uns getan. Durch ihn konnten wir Zeit, Ort oder Art und Weise einer Handlung näher bestimmen. Er sagte uns, wem was gehörte. Doch jetzt ist er fort, und wir danken dem Dativ, dass er seinen Job übernommen hat und auch noch diese Last schultert. Ich bitte an dieser Stelle um Applaus für den Dativ.«

Ein verhaltenes Klatschen war zu vernehmen, das der Dativ mit einem diabolischen Lächeln und zufriedener Genugtuung entgegennahm.

Die Dramatik setzte die Rede fort: »Ich will an diesem traurigen Tag jedoch nicht allzu viele Worte verlieren und gebe jetzt jedem die Möglichkeit, sich vom Genitiv zu verabschieden. Lasst uns die Prozession beginnen.«

So schritten alle in Reih und Glied am Genitiv vorbei, und hie und da richtete einer beim Vorbeigehen seine letzten Worte an den Genitiv.

»Der Tote ist gestorben«, jammerte die Tautologie auf ihre redundante Art und Weise.

»Lieber Genitiv, dank dir machen wir einen Satz über den Abgrund der Sprache«, verkündete die Metapher gemeinsam mit dem Zeilensprung.

Der Dativ küsste den Genitiv auf die Wange und flüsterte ihm dabei ins Ohr: »Ein Glück, dass du tot bist, denn du warst sowieso nie mein Fall.«

»Mi quelt der Jammer«, wehklagte die zweite Lautverschiebung, aber wie immer verstand sie keiner, und außerdem hatte sie einen schlechten Ruf. Es wurde nämlich gemunkelt, sie hätte ihre Mutter, die erste Lautverschiebung, welche auch auf diesem Friedhof begraben lag, eigenhändig ermordet.

»Darum dusstest du derben?«, schrie der Stabreim und warf sich auf den Genitiv. Die Dramatik höchstpersönlich zerrte ihn vom Sarg weg, denn er mochte es nicht, wenn sich jemand dramatischer als er verhielt.

Plötzlich stürmten verschleierte arabische Schriftzeichen um das Grab herum. Auf ihren Wortburkas stand: »Fuck your orals«.

»Wer sind die denn?«, fragte die Frage.

»Sie nennen sich Jemen. Das sind sogenannte Selbstwortattentäter, und sie verlangen die Schwärzung von obszönen Wörtern«, erklärte das Nomen.

Die arabischen Schriftzeichen ließen sich unter Protest und lautem Gezeter von einer Gruppe Ausrufezeichen vom Friedhof tragen.

Im allgemeinen Wirrwarr schrien plötzlich alle durcheinander, und das Begräbnis schien im Chaos zu versinken.

»Ich sag es euch klipp und klar. Hier werden Lug und Trug, Mord und Totschlag, Tür und Tor geöffnet, nur weil hie und da jemand in Saus und Braus leben will«, empörte sich das Hendiadyoin.

»Für viele ist der Hort der Toten doch nur eine Bühne für ihr ganz persönliches Trauerspiel«, bemerkte die Allegorie seufzend.

»Kann es sein, dass du dies nur allegorisch meinst?«, fragte die rhetorische Frage.

»Die Allegorie hat mal wieder eine Laune wie der Sonnenschein«, ergänzte die Ironie.

»Kann es sein, dass du dies ironisch ...«

»Halt die Fresse!!!«, schrie der Imperativ, der rhetorischen Frage das Wort abschneidend, und machte aus ihr eine Ellipse.

»Man wird doch noch was wiederholen dürfen. Man wird doch noch was wiederholen dürfen«, echauffierte sich die Repetitio.

»Das ist stilistisch nur schön und hübsch, wenn man für die Wörter andere Bezeichnungen findet«, erklärte das Synonym.

Plötzlich durchschnitt eine glockenklare Stimme das allgemeine Chaos: »Ähm, Entschuldigung, ich hätte da 'ne Frage.«

Und da stand er unbekleidet, so wie Gott ihn schuf. Sulaiman Masomi. Also ich.

»Er ist es. Er ist wirklich gekommen. Er ist der Messias«, schrie die Anapher.

»Warum ist er nackt?«, fragte die Frage.

»Das ist doch egal«, motzte die Dramatik und fuhr sich mit der Zunge über die Lippen.

»Ich werde wohl nicht mehr gebraucht«, beschwerte sich die Personifikation, zog das Sulaiman-Kostüm aus und begab sich beleidigt unter die Menge.

Eine erhabene Stille breitete sich aus, und alle starrten gebannt zu Sulaiman Masomi – also zu mir.

Er räusperte sich kurz und fragte: »Wessen Beerdigung ist das hier?«

Bevor irgendjemand was sagen konnte, öffnete sich der Sargdeckel, der Genitiv sprang putzmunter heraus und fragte euphorisch: »Hat hier jemand ›wessen‹ gesagt? Das ist meine Beerdigung, aber hey, ich lebe!«

Die Sprachmenge schaute verblüfft drein.

»Er hat den Genitiv benutzt! Er hat ihn wieder zum Leben er-
weckt! Er ist wahrlich der Messias«, konstatierte die Anapher.

4. Akt: Retardation

»Lieber Sulaiman. Wir haben schon nicht mehr daran geglaubt,
dass du wirklich kommst, um uns zu helfen, aber manchmal werden Wunder wahr. Du musst uns retten, denn sonst gehen wir
unter.«

»Wann und wo soll ich euch helfen?«, fragte Sulaiman – also ich.
Auf einmal grub sich der Ablativ aus seinem Grab.

»Hab ich da ›Wann und wo?‹ gehört? Braucht ihr mich wieder?«

»Sulaiman ist wahrlich ein Mann für alle Fälle«, bemerkte die
Floskel.

»Hilf uns genau hier! So wie du es gerade tust!«, antwortete die
Dramatik.

»Ähm, okay. Wenn ich das kann, mach ich das gerne, aber eigentlich bin ich vorbeigekommen, um zu fragen, ob ihr mir helfen
könnt. Ich muss nämlich morgen zu 'nem Poetry Slam, und ich
würde dafür gerne einen neuen Text schreiben. Vielleicht können
wir uns ja gegenseitig helfen.«

»Eine Hand wäscht die andere«, bemerkte die Redewendung.

»So sei es. Natürlich werden wir dir helfen, einen Text zu schreiben, mit dem du jeden Poetry Slam gewinnst. Es ist unsere Pflicht
und gleichzeitig eine Freude.«

Alle jubelten auf, und sogar die Antithese ließ sich von der allgemeinen Freude mitreißen.

Und so schritt Sulaiman über die Gräber und grub noch einige
verstorbene Sprachelemente aus ihren Gräbern. Eine glückselige
Stimmung verbreitete sich, und die Vertreter der Sprache lagen
sich in den Armen, als Sulaiman plötzlich in ein offenes Grab fiel
und ein dumpfer Aufschlag vernommen wurde.

Die Menge hielt den Atem an.

Die Dramatik schrie hysterisch in Sulaimans Richtung: »Ist alles
in Ordnung mit Ihnen, Eure Durchlaucht?«

Auf einmal wurde eine Truhe hochgewuchtet, und Sulaiman kämpfte sich schnaufend und mühsam aus der Grube.

»Alles gut bei mir. Guckt mal, was ich gefunden habe«, rief er der Menge zu.

Sulaiman öffnete die Truhe und Abertausende Wörter sprangen, ihren eigenen Namen rufend, aus der Truhe heraus.

»Er hat den Wortschatz gefunden!«, schrie die Epik.

Die Menge jubelte auf, und ein nicht enden wollender Wortschwall trat aus der Truhe, füllte den Friedhof, und so wurde aus dem Begräbnis ein Fest der Sprache.

Sulaiman Masomi wurde endgültig zum Messias der Sprache ernannt, und nach dieser eindrucksvollen Demonstration seiner Fähigkeiten reihten sich alle Vertreter der Sprache wie eine altrömische Phalanxeinheit hinter ihm auf und marschierten als güldene Spracharmee auf die Menschheit zu, um ihn beim nächsten Poetry Slam zu unterstützen.

Und wenn alles gut läuft und die Menschen seine Botschaft verstehen, dann wird er diesen Poetry Slam auch gewinnen. Und wenn nicht, dann sollen die Frauen als Strafe riesige Brüste und die Männer riesige Schwänze bekommen, damit man sie schon von Weitem als Sprachverächter erkennen kann.

TIMO BRUNKE

SCHLECHTES GEDICHT.
ODER: STEHEMPFANG.
ODER: HAB DOCH ETWAS MUT!

Ich trat im Abendschein auf die Terrasse
Und fand die Stimmung irgendwie recht klasse:
Die Blumen dufteten so intensiv,
Ein Vögelein irgendwo in dem Baum rief,
Dass ich in tiefem Schauern dort rumlief
Oder: dass ich zutiefst d u r c h schauert dort rumlief;
Im Garten, dann zurück auf die Terrasse,
Denn auch ein Sekt-Orange schmeckt ganz schön klasse.

Ich weiß nicht, wie, mir fehlen die Begriffe,
Um auszudrücken, was ich mein' mit Pfiffe;
Ich sage nur so viel: Mein junges Blut
War irgendwie – die Stimmung war echt gut! –

Bringt dich mein schlechtes Dichten nicht in Wut?
Hör auf zu lesen,
So ist es gut!

DIE LETZTEN WORTE I

Ich bin gleich wieder weg, hol nur kurz meine Sachen
Keine Angst, Leute, das wird jetzt nicht sooo dramatisch
Denn Mensch: Du willst lachen!

Benutzt hast du mich, ausgequetscht wie eine Zitrone
Sauer macht lustig, hä?!
Du hast das Brauchbare von mir aufgesogen und hältst bereits
nach Frischfleisch Ausschau
Ständig brauchst du ein neues Medium – den heißesten Scheiß
Aber meine Kleider, mein Wortgewand darf die Neue ruhig tra-
gen, wie?!

Sie bringen dich groß raus – Sie wringen dich bloß aus

Wortspatz, dein System, Mutter Sprache,
Parole hast du mich genannt
Du warst mein Ferdinand de Saussure
Und ich deine Lautmalerei, deine Leier
Du wolltest doch meinen Minnesang
Ich war dein »Rosa Prosa Poser Baby«
Deine Zeitungsente mit tollem Satzbau
»Genitiv, denn es könnte Dativ sein«, hast du vorsichtig in mein
Ohr gefloskelt
Da hast du noch auf meine Zeiten geachtet
Wir haben uns diebisch gebeugt
Waren zwei freie Morpheme, die sich gefunden, gebunden hatten
Und glücklich über die Kasus-, Genus- und Numerus-Felder
tanzten

Wir waren eine »Kopulativkomposition«
Ein »Erektionskompositum«
Konstituenten mit Struktur und doch Performanz
Wir haben uns geliebt!
Saßen an unserer X-Bar, schlürften »Hauptakzent« unseren Lieb-
lingssekt
Haben Chomsky einen guten Mann sein lassen
Und waren total verschrieben ineinander

Erinnerst du dich denn gar nicht mehr?
Muss es denn jetzt immer »Ohne Worte!« sein?
Heutzutage schändest du mich in Talkshows
Sagst: »Hilfe, mein Kind ist ein Rasenmäher!«
Oder: »Weißt du, wat du bist? Lügen tust du, das bist du!«

Oder du bestellst im Dönerladen »'ne Schnipopi und für Lutsche
'ne Friko«
»Schnipopi« heißt »Schnitzel Pommes Pils«, »Friko« heißt »Frit-
ten-Cola« und »Lutsche« »Lebensabschnittsgefährtin«!
Hier läuft ein »Kommunikationsendzeitmovie«!
Es tobt der Word War II, der Redekrieg!
Poesie wird gebattle-raped auf Wordporn.com für 50 Cent
Unsere Liebe war ein »One Write Stand«

Und was kam am Morgen danach?
WWW, die Without Word World!

»Mit der Sprache fing es an, im Alltag, der Lyrik, der Musik«
werdet ihr euch bald in dunklen Kellern erzählen
Und wer nicht mehr miteinander spricht,
Greift dann irgendwann zu den Waffen
In Kästners Licht betrachtet, sind sie immer noch die alten Affen

Die Hochsprache steht lange auf dem elitären Papier der Feuille-
tongesellschaft zwischen prämierten Buchdeckeln
Das Volk spricht nicht mehr!

Die Buchdeckel zogen sich aufs Landhaus zurück und formulierten pädagogische Thesen wie:
»Die Ghettosprache folgt durchaus sprachlich komplexen Mustern!«
Sie wurden weggeprügelt, und der Buchdruck der Straße wuchs
In Without Word World erinnerst du dich nicht mehr an mich.
Für das, was zwischen euch Individuen übrig bleibt, reicht dieses
Zeichensystem aus Emoticons, Icons, Piktogrammen, Wortfetzen
und Lauten

SCHNIII-POOOO-PIIII!

Die letzten Worte sind nah! Das jüngste Gedicht ist da:

Mit letzter Kraft ritz ich in Wortarme, die Silbenadern entlang
Spritze Reimglück, schwitze im Park auf der Bank
Ich humple ins Bett und bin krank
Rumple durch deine Straßen
Ich will doch nur mit dir spielen, in Versmaßen
Poesie wird nicht so gerne geslammt, geschlagen!
Ich will Bilder malen und Dinge sagen!

Ich will nicht, dass ihr euch mit mir verletzt, ich werde so gerne
in Zähne gesetzt
Ich gehe jetzt, mit meinen verletzten Worten, werde des Redens
nicht mehr froh
Denn an den meisten öffentlichen Orten benutzt du mich, deine
Sprache, nur noch so:

»Ey Dönermann, du Opfa,
isch zahl den Schnipopi nisch,
weil der Pils schmeckt komisch!«

DIE LETZTEN WORTE II

Ich bin gleich wieder da
Hol kurz meine Sachen
Damals in Ludwigshafen
Sprach ich meine letzten Worte
In der Stadt verging mir das Lachen
Seitdem sitz ich hier, schweigsam und allein im Sprachexil
Mensch, du hast kein' Vers, kein Maß, kein' Stil
Hast unsere Bindungstheorie mit Füßen getreten
Ich war mal deine Süße, »Thetarolle«
Dein kleiner »Konsonaut«
»Es war so semantisch zwischen uns
Wir synd tax über im Redebett geblieben, manchmal tagelang
Es war deine Wortwahl, die mich lyrisch verrückt gemacht hat
Alle Gedichte waren zum Mitnehmen
Nie aßen wir »Sprachfastfood«
Und heute? Sprechreiz, überall Sprechreiz:

»Wäsch dich mal, wäsch du dich mal!« oder »Du bis doch der
reinste Drecksschwein, das überhaup hier jipt.«

Das Versmaß war voll. Im großen Word War II bin ich über die
Sprachgrenze entlang der Benrather Linie geflüchtet, du bist jetzt
weitgehend sprachlos, dich interessiert das ja gar nicht. Du hast ja
deine Sprachersatzprodukte, deine Wortgummipuppen, deine vier-
zig geilen Zeichen bei Twitter, MMS, QR Quick Response Codes,
Hyperlinks, Lauftexte, Bild-Zeitung, Social Networks, war mal Substanz, Dichte, Emotion, jetzt bin ich nur noch ein Emoticon, na lol!

Doch leicht mach ich's dir nicht
Ich komme zurück
Trojaaaa! Du wirst mein, bald wird alles Sprache sein
Ich werde Firewalls, deine Brandmauern überwinden
Mit trojanischer List ein neues Sprachfeuer entzünden
Ich brenne deine programmierten Kunstsprachen nieder
Millionen von kleinen, süßen Pferdchen sind per E-Mail unterwegs
Um dich zu retten
Mit Wort im Bauch.
Dem Sprachschatz von über zweitausend Jahren
Mit dem Schönsten, was ich zu bieten habe, im Anhang
Gedichte, Lieder, Oden, Geschichten.
Du wirst diese Mails öffnen
Denn die Nähe und Liebe zu den Geschichten und Gedichten dei-
ner Kindheit ist viel größer
Als die lächerlichen Warnungen vor einem neuen Virus
Innerhalb von Stunden stirbt deine vermaledeite HTML
Im Duell mit mir: LML, erkennst du mich?
Linear Markup Language!

Nichts wird bleiben von deinem Hyper-Text-Mist
Verknüpfungen entstehen bald wieder in Köpfen, zwischen Herzen
Der Sprachvirus wird wieder Besitz ergreifen, deine Zentren be-
fallen

Überall auf der Welt wird wieder ausführlich kommuniziert
Es bilden sich riesige Warteschlangen an den McDonald's-Schal-
tern:
»Es gelüstet mich nach einem Menü, ein Menü, wie es die Welt
nie sah!
Mit sechs kleinen, aber feinen, mundgerecht portionierten
Panierten und frittierten Hähnchen-Klumpen
Dazu, dünket mir, würden gebackene Kartoffeln und ein Kaltgetränk
Diese meine Speise hübsch veredeln!«

Ich bin wieder hier – auf deinem Papier
War nie wirklich weg
Hab mich nur auf der stillen Treppe versteckt
Jetzt sind wir wieder komplett,
Die zwei freien Morpheme
Die sich einst gefunden, gebunden hatten
Und glücklich über die Kasus-, Genus- und Numerus-Felder
tanzten
Wir binden uns wieder Silbenkränze in die Haaransätze
Werden uns wieder diebisch beugen
Vorbei ist das digitale Steinzeitalter
Der kryptischen Zeichensprachen und Höhlenlautmalereien
Nie mehr werden wir unsere prosarote Brille absetzen müssen
Werden nach dialogtrunkenen Nächten
Im Parataxi »zu dir oder zu mir?« fahren
Deine Worte werden schlüpfen und reifen
Selbst bei diesen Pfeifen hier,
Die gerade an ihren Mercedes-Benz gelehnt
Eine Frau auf der anderen Straßenseite betrachten:

»Ist das eine Bitch, die ich da erblicke, holder Homie!«

Cedric! Eine Frau, eine weibliche Person und was für ein schönes
Geschöpf!
»Ach, es steht und fällt ein Volk mit seinen Frauen, Leon.«
Es ist der Geist, der sich den Körper baut, Cedric!

»Guten Abend, schöne Dame, was die Augen sehen, das glaubt das
Herz. Man beschenke Ihre Eltern mit Gold.«
Sieh doch, Cedric, es lösen sich alle Bande frommer Scheu bei ihr,
sie nähert sich:
»Na, Kleiner, haste Bock auf Schweinerei'n?«
»Soll ich's wirklich machen, oder lass ich's lieber sein?«
Wer ein holdes Weib errungen, mische seinen Jubel ein, Cedric, du
Glücklicher!

Und so kam es, dass die beiden wieder zu sprechen begannen
Weil Sprache Mensch und Mensch Sprache braucht
Fürs Lieben, Streiten, Verstehen, Vertragen, fürs Sein, fürs Leiden
Und so lebt nun glücklich, ihr beiden
Bis die allerletzten Worte euch scheiden

NORA GOMRINGER
‹FLÜSTERN›

Diesen Text gibt es gar nicht
Dieser Text gibt keinen Laut
Dieser Text muxt sich nicht
Begehrt nicht auf und murrt kaum
Er kommt in Stille, in der er wohnt
Geht von der Bühne, als wäre er nie da gewesen
Sein Autor ist tot, seine Aussage überhörbar
Dieser Text hat ein Problem
Er ist tonlos, ist behaucht und viel zu leise
Die Alten können ihn nicht hören, die Jungen sind ungeduldig
Der Text ist nicht gereimt, er muss vergraben werden
Halt du den Spaten, und ich wickel ihn ein
Wir senken ihn tief, bis er auf Grundwasser stößt
Das Wasser flüstert ihn weiter, verrät ihn ans Meer
Oder in Suppe an deinen Bauch
Er ist wahrscheinlich leicht verdaulich
Liegt nicht lang im Magen
Dreht sich problemlos in den Abfluss
Hör gar nicht hin
Denn es gibt keinen Text ohne Lärm
Allein das Tippen auf Tasten
Das millionenfache Anschlagen der Buchstaben
Auf Millionen von Tastaturen ist ein so großer Lärm
Eine Babelei, ein Turmbau aus Text und Lehm
Gut, dass es diesen Text nicht gibt und
Diese Sorgen nicht jetzt aus der Büchse kommen
Denn wir bekommen ja Gäste

Und müssen heute noch plaudern und zuhören
Wie sie über ihre Kinder und Rentenversicherung
Auskunft geben
Das Leben ohne Text wird herrlich
Weil wir dann wieder laut sein und Lärm machen dürfen
Aber was sag ich
Sag ich etwas
Hier wurde nie etwas gesagt, was nicht auch nicht-gehört
Hätte bleiben können
Ich gebe zu, es gab da den Gedanken an einen Text
Aber diesen Text gibt es gar nicht

PAUL WEIGL
IN MEMORIAM

Liebe Brüder und Schwestern. Heute ist ein Tag der Trauer. Wir sind heute hier zusammengekommen, um Abschied zu nehmen. Abschied von einer Freundin, einer Begleiterin, einer Richtungsweisenden. Nur der Allmächtige weiß, warum er es als wichtig und richtig empfand, ihrem Leben ein langsames, qualvolles und vor allem siechendes Ende zu bereiten. Deshalb scheint es für alle ein Tag der Trauer zu sein, weshalb wir auch unseren Tränen die Stirn zu bieten versuchen. Sie war, wie gesagt, eine Freundin. Aber nicht nur für uns. Auch Generationen vor uns pflegten und genossen den Umgang mit ihr. Dieses redselige, völkerverständigende und inspirierende Geschöpf Gottes. Von Menschenhand auf seine Erde gebracht. Von Menschenhand von seiner Erde verbannt.

Liebe Trauergemeinde, senken wir nun unser Haupt und hüllen uns gemeinsam für eine Minute in Schweigen, um Abschied zu nehmen.

Abschied von der deutschen Sprache.

Oh Mann. Heute ist ein Trauertag. Ich bin echt fertig, weil unsere Freundin, die deutsche Sprache, abgekratzt ist. Es war schon cool mit ihr. Was sie uns hinterlassen hat, war aber auch schon manchmal echt schwer. Wir dachten auch schon mal, dass sie uns mit Bahnwärtern und Brandstiftern ziemlich langweilte. Aber es gab auch fette Seiten mit ihr. Was wäre ein Liebesbrief ohne sie gewesen. Stellt euch doch nur die leeren Sprechblasen in Comics vor. Und wären Goethe, Lessing, Brecht, Gründgens oder Reich-Ranicki jemals ein Begriff geworden? Auf keinsten. Aber wie alles, was wir Menschen producen, es wird alt. Einige nennen es Evolution, doch wir wissen es besser. Jemand hat sie gekillt. Ein schleichender Mord vergiftete unsere Freundin. Shit! Wie konnten wir es nicht checken? Ist doch logo! Die Mörder sind nicht alleine, und so konnten Endemol, Dr. Sommer, der Springer-Axel, Richie, Erkan, Stefan und die Rechtschreibreform uns voll für dumm verkaufen. WTF! Und jetzt? Jetzt sind wir gefickt und kucken geflasht wie ein Kino. Und wir dachten, es tut alles easy sein! Fuck, nein! Wir sind aber auch selber schuld, dass heute ein Tag zum Flennen ist. Hätten wir früher unser Fressbrett aufgemacht, hätten wir jetzt keinen Stress. Fuck, Alter! Ich fühle mich voll scheiße wegen der Trulla, und so. Ist echt nicht Chef, weißt du, weil, ey, war halt voll korrekt mit der, weißt du? Ich verarsch dich nicht, ich schwör auf alles, Mann! Und jetzt schaffe ich den Scheiß Quali nicht wegen der Bitch, verstehst, was ich meine!

Aber ey! Beten wir trotzdem! Respect, verstehst du?
Yo, Daddy da oben,
fetter Name, Alter!
Deine Crips sind am Start, was du sagst, ist gebongt, Alter!
Im Himmel und in die Block, Alter!
Hau her den Fraß.
Und piss mich nicht von der Seite an,
wenn ich Scheiße bauen tu, Alter!
Ich fick die anderen Husos ja auch nicht an.
Mach, dass ich von dem scheiß Stoff wegkomme,
und halt mir die Hurensöhne von die Leib weg, Alter!
Weil du hast die Hood, stämmst anders die Hanteln, Alter,
und bist einfach Chef.
Für immer, Alter!
Yo, men.

In die Namen von dem motherfucking Vater,
von die Unfall,
und von dem Bitchnigger Geist und so!
Bra!

DIE AUTORINNEN UND AUTOREN

Alex Burkhard (geb. 1988) lebt und geisteswissenschafft in München. Letzte Veröffentlichung: *... und was kann man damit später mal machen?* (Satyr: 2013).

Andy Strauß (geb. 1981) lebt in Münster. Er ist Schriftsteller und Schauspieler sowie Mitglied der Lesebühne »Die [2]Drei«. Mehrere Buchveröffentlichungen im Unsichtbar-Verlag.

Björn Högsdal (geb. 1975) ist Autor und Veranstalter. Er lebt in Kiel. Zahlreiche Veröffentlichungen von Satiren und Slam Poetry, auch in TV und Radio.

Bodo Wartke (geb. 1977) lebt in Berlin. Er ist Liedermacher, Schauspieler und Poet. Diverse Solo-Programme und CD-Veröffentlichungen. 2004 erhielt er den Deutschen Kleinkunstpreis in der Sparte Chanson.

Claudia Tothfalussy (geb. 1985) lebt in Berlin. Sie liest sowohl in der Eckkneipe als auch beim »Deichbrand«-Festival vor. Mitglied der Lesebühne »Reality Is For Pussies«.

Dalibor Markovic (geb. 1975) ist Bühnenpoet und lebt in Frankfurt am Main. Letzte Veröffentlichung: *Bühnenstücke. Band 1* (Warrington Verlag: 2010).

Fabian Navarro (geb. 1990 in Warstein) lebt, studiert und arbeitet in Hamburg. Letzte Veröffentlichung: der Slam-Poesie-Band *Von A nach B* (Lektora: 2014).

Felix Römer (geb. 1979 in Marburg) lebt in Berlin, ist seit über 15 Jahren auf deutschsprachigen Slam-Bühnen aktiv und veranstaltet Poetry Slams in Nordhessen und Südniedersachsen.

Florian Cieslik lebt in Köln und ist Slampoet sowie Veranstalter der Slam-Reihe »Reim in Flammen«.

Frank Klötgen (geb. 1968) lebt in München. Neben Romanen und CDs hat er drei Gedichtbände veröffentlicht, zuletzt *Holz und die 7 Todsünden* (Selbstverlag: 2014).

Franziska Holzheimer (geb. 1988) lebt in Hamburg. Zuletzt erschien ihre wissenschaftliche Arbeit zu Slam-Poetry: *Strategien des Authentischen* (Lektora: 2014).

Gauner (geb. 1974) ist Rapper, Poet, Vater und nebenbei Ingenieur. Letzte Veröffentlichung: das Album *In Wirklichkeit Träumer* (P-Pack Records: 2007).

Harry Kienzler (geb. 1979) ist Spoken-Word-Artist, Autor, Kabarettist und Impro-Künstler. Er lebt in Tübingen. 2006 Deutschsprachiger Poetry-Slam-Vizemeister (Team »Harry & Jacob«)

Helge Thun (geb. 1971) lebt in Tübingen und ist ein deutscher Komiker, Schauspieler und Zauberkünstler. Deutschsprachiger Poetry-Slam-Meister 2004 (»Team Tübingen«).

Ilka Haederle (geb. 1962), Autorin aus Berlin. Zuletzt veröffentlicht: *Die Schlange von Shenzhen* (Kriminalroman, Südwestbuch: 2014).

Jan »Yaneq« Kage (geb. 1972) ist Autor, Musiker, Kurator und Moderator. Er lebt in Berlin. 2012 erschienen: *Yaneqdoten* (Fantome Verlag).

Jakob Nacken (geb. 1978) ist Musik-Kabarettist und Impro-Künstler. Er lebt in Tübingen. 2006 Deutschsprachiger Poetry-Slam-Vizemeister (Team »Harry & Jacob«).

Jaromir Konecny (geb. 1956 in Prag) ist tschechisch-deutscher Schriftsteller, Slam-Poet und Naturwissenschaftler. Diverse Buchveröffentlichungen, sein Roman *Doktorspiele* (cbt) wurde 2014 verfilmt.

Julian Heun (geb. 1989) ist Autor und Slam-Poet aus Berlin. 2013 erschien sein erster Roman *Strawberry Fields Berlin* bei Rowohlt Berlin. 2007 Deutschsprachiger U20-Poetry-Slam-Meister, 2013 Team-Meister (Team »Bottermelk Fresch«).

Julius Fischer (geb. 1984) lebt und schreibt in Leipzig. Zweifacher Deutschsprachiger Poetry-Slam-Meister (»Team TTZ«) und Mitglied mehrerer Lesebühnen. Letzte Publikation: *Die schönsten Wanderwege der Wanderhure* (Voland & Quist: 2014).

Jürg Halter (geb. 1980) ist Dichter und Performer und lebt in Bern. Auftritte in Europa, Afrika, Russland und den USA. Letzte Veröffentlichung: der Gedichtband *Wir fürchten das Ende der Musik* (Wallstein: 2014).

Lars Ruppel (geb. 1985) ist zweimaliger Deutschsprachiger Poetry-Slam-Team-Meister (»SMAAT«, 2007, »Bottermelk Fresch«, 2013), Vizemeister im Einzel 2013. Er lebt in Berlin. Zuletzt erschienen: *Holger, die Waldfee. 10 Gedichte über Redensarten* (Satyr: 2014).

Maik Martschinkowsky (geb. 1981) ist Mitglied der Lesebühne »Lesedüne«, überlebt in Berlin und veröffentlichte zuletzt V*on nichts kommt was* (Voland & Quist: 2014).

Malte Roßkopf (geb. 1988) ist Autor, Vorleser, Poet und Student. Er lebt in Berlin. Mitglied des Slam-Teams »Slamdog Millionaire«.

Marc-Uwe Kling ist alt und lebt irgendwo. Er forscht zum Verhalten von Beuteltieren. Deutschsprachiger Poetry-Slam-Meister 2006 und 2007.

Markus Köhle (geb. 1975) lebt als Autor und Literaturzeitschriftenaktivist in Wien. Letzter Roman: *Hanno brennt* (Milena Verlag: 2012).

Micha Ebeling (geb. 1965 in Magdeburg) lebt und schreibt in Berlin. Zweifacher Deutschsprachiger Poetry-Slam-Meister (»Team LSD« 2006, 2008). Letzte Veröffentlichung: *Lunge, komm bald wieder* (Satyr: 2014).

Noah Klaus (geb. 1993) stammt aus Bonn, lebt, studiert und arbeitet aber in Berlin. Festes Mitglied der Lesebühne »Dichterschmiede«.

Nora Gomringer (geb. 1980) ist Dichterin und Direktorin und lebt in Bamberg. 2005 Deutschsprachige Poetry-Slam-Meisterin (Team »Tha Boyz with tha Girlz in tha Back«). Letzte Veröffentlichung: Lyrikband mit CD *Monster Poems* (Voland & Quist: 2013).

Patrick Salmen (geb. 1985 in Wuppertal) gewann 2010 die Deutschsprachigen Poetry-Slam-Meisterschaften. Aktuelles Spoken-Word-Bühnenprogramm: »Ich habe eine Axt«, das gleichnamige Buch erschien 2014 bei Knaur.

Paul Weigl (geb. 1982) ist Logopäde und Produktmanager für Homepages. Seit 2009 in Berlin. Veröffentlichung: *Gleisheiten* (Hörbuch im Eigenverlag: 2014).

Pauline Füg (geb. 1983) ist Autorin und Psychologin und lebt in Würzburg. Ihr Lyrikband *Die Abschaffung des Ponys* erschien im Stellwerck Verlag (Würzburg).

Philipp Herold (geb. 1991 in Heidelberg) gewann den Martha-Saalfeld-Förderpreis 2014. Letzte Veröffentlichung in der Anthologie *Tintenfrische* (Lektora: 2012).

Philipp Scharri (geb. 1976) lebt als Autor und Kabarettist in München. 2009 wurde er Deutschsprachiger Poetry-Slam-Champion (Einzel sowie mit dem Team »PauL«), 2014 Deutscher Kabarettmeister.

Pierre Jarawan (geb. 1985) ist Slam-Poet und Autor und lebt in München. Letzte Veröffentlichung: *Anders sein ist ganz normal* (Lektora: 2011). Deutschsprachiger Poetry-Slam-Meister 2012.

René Sydow (geb. 1980) ist Autor, Filmemacher und Kabarettist. Er lebt im Ruhrgebiet. Letzte Veröffentlichung: *Deutsche Wortarbeit* (Periplaneta: 2013).

Samuel Kramer (geb. 1996) lebt in Offenbach. 2013 ging er noch zur Schule und wurde U20-Hessenmeister im Poetry Slam.

Sebastian 23 existiert nur in deinem Kopf und wurde dort zweimal Deutschsprachiger Poetry-Slam-Meister (Team »SMAAT« 2007, Einzel 2008). Zuletzt erschien sein Buch *Theorie und Taxis* (Carlsen: 2014). Es ist gelb.

Sebastian Krämer (geb. 1975) wohnt in Berlin. Er trägt seine Lieder und Gedichte auf Bühnen vor und auf CDs. Zuletzt erschienen: *Tüpfelhyänen* (Reptiphon: 2014). Deutschsprachiger Poetry-Slam-Meister 2001 und 2003.

Simon Libsig (geb. 1977) lebt in Baden/CH, hat Poetry Slams und den Swiss Comedy Award gewonnen. 2014 erschien sein erster Roman *Leichtes Kribbeln* (Knapp-Verlag).

Sophie Passmann (geb. 1994) wohnt in Münchweier und arbeitet als Radiomoderatorin und Autorin. Zuletzt erschien ihre Textsammlung *Monologe angehender Psychopathen*. (Verlag der Jugendkulturen: 2014)

Stephan Porombka (geb. 1967) war Slammer, heute ist er Professor für Texttheorie und Textgestaltung an der Universität der Künste in Berlin.

Sulaiman Masomi (geb. 1979 in Kabul) ist ein afghanisch-deutscher Autor, Rapper und Poetry-Slam-Interpret. NRW-Meister im Poetry Slam 2013. Zuletzt erschienen: *Ein Kanake sieht rot* (Lektora: 2014).

Suzanne Zahnd (geb. 1961) ist Autorin und Yogalehrerin aus Zürich. Sie schreibt heute mehrheitlich für die Theaterbühne, Deutschsprachige Poetry-Slam-Meisterin 2001 (»Team Winterthur«).

Svenja Gräfen (geb. 1990) schreibt. Texte, Geschichten, Drehbücher und Postkarten. Lebt gerade in Stuttgart. GIPS-Finalistin 2011.

Temye Tesfu ist Sprechlyriker und freier Dozent für kreatives Schreiben. Zweifacher Deutschsprachiger Poetry-Slam-Vizemeister (Team »Allen Earnstyzz« 2011, 2012). Lebt und arbeitet in Berlin.

Theresa Hahl (geb. 1989) wohnt in Bochum, arbeitet u. a. für Theater und Opernhäuser sowie für das Goethe-Institut. Veröffentlichungen z. B. in: *Ein Gedicht von mir* (Reclam: 2012).

Till Reiners (geb. 1985) ist Slam-Poet und Kabarettist. Er lebt in Berlin. Letzte Veröffentlichung: die CD *Da bleibt uns nur die Wut* (Sprechstation: 2012).

Timo Brunke (geb. 1972) ist Autor und Darsteller, lebt mit seiner Familie in Stuttgart. Letzte Veröffentlichung: *10 Minuten Dings* (Klett Kinderbuch: 2013).

Tobias Gralke (geb. 1991) lebt und schreibt in Freiburg im Breisgau. Er moderiert diverse Veranstaltungen und treibt sich gerne am Theater herum.

Toby Hoffmann (geb. 1980), wohnhaft in Ravensburg, lebt und arbeitet. Diverse Events, Preise und Erscheinungen.

Volker Strübing (geb. 1971) ist Schriftsteller, Liedermacher und Filmemacher aus Berlin. Dreimaliger Deutschsprachiger Poetry-Slam-Meister (Einzel 2005; »Team LSD« 2006, 2008). Mehrere Buchveröffentlichungen im Verlag Voland & Quist.

Volker Surmann (geb. 1972) schreibt und verlegt in Berlin, er liest bei den »Brauseboys«. Letzte Veröffentlichung: *Extremely Cold Water* (Roman. Voland & Quist: 2014).

Xóchil A. Schütz (geb. 1975) lebt in Wolfenbüttel. Im Carlsen Verlag erschien 2014 ihr satirischer Ratgeber *Männertest*, im Ueberreuter Verlag das Kinderbuch *Anton fährt aufs Land*.

Alex Burkhard: »Von Professoren für Professoren«. Unter Verwendung von Zitaten aus: Warning, Rainer. *Heterotopien als Räume ästhetischer Erfahrung* (Wilhelm Finck: 2009).

Bas Böttcher: »Die Macht der Sprache«, »Syntax Error« und »Fünffacher Wortwert«. Erschienen in: *Vorübergehende Schönheit* (Voland & Quist: 2012).

Bodo Wartke: »Lalelilolu«. Erschienen auf dem Album *Noah war ein Archetyp – Zweite Fassung* (Reimkultur: 2011). Text und Lied zum kostenlosen Herunterladen auf www.bodowartke.de

Fabian Navarro: »Der eine Satz«. Erschienen in: *Von A nach B.* (Lektora: 2014).

Frank Klötgen: »Kottbusser Tor«. Erschienen in: Mehr Kacheln! 50 Gedichte (Selbstverlag: 2011).

Helge Thun: »Der Vormund«. Für die Tonaufnahme des Titels in der Aufführung zusammen mit Jakob Nacken bedanken wir uns bei Sascha Verlan. (www.ich-mach-mir-die-welt.de)

Jan »Yaneq« Kage: »Ich will nicht mehr«. Erschienen in: *Yaneqdoten* (Fantome Verlag: 2012).

Julius Fischer: »Die Grenzen der Sprache«. Erschienen in: *Die schönsten Wanderwege der Wanderhure* (Voland & Quist: 2014).

Jürg Halter: »Bitte, ich versuche zu sprechen«. Erschienen in: *Ich habe die Welt berührt* (Ammann Verlag: 2005).

Maik Martschinkowksy: »Unter dem Kardamond«. Erschienen in: *Von nichts kommt was* (Voland & Quist: 2014).

Nora Gomringer: »Ursprungsalphabet« und »Sag doch mal was zur Nacht«. Erschienen in: *mein gedicht fragt nicht lange* (Voland & Quist: 2011), »Shibboleth« in *Klimaforschung* (Voland & Quist: 2008).

Patrick Salmen: »Papierblütenstaub«. Erschienen in: *Distanzen* (Lektora: 2011).

Philipp Scharri: »Vom Verb, das ein Nomen sein wollte«, »Drama Sutra« und »Das Dichterduell«. Erschienen in: *Der Klügere gibt Nachhilfe.* (Fischer: 2012).

Sebastian 23: »Gold (2)« und »Grammar of Love«. Veröffentlicht in: *Schwerkraft und Leichtsinn* (WortArt: 2011)

Till Reiners: »Ich habe keinen Text mehr«. Veröffentlicht auf: *Da bleibt uns nur die Wut* (CD, Sprechstation: 2012)

Timo Brunke: »Schlechtes Gedicht«. Erschienen in: *Erpichte Gedichte – Lyrische Pfirsiche* (Verlag Reiner Brouwer: 1996).

Toby Hoffmann: »ich stecke mir die worte in die tasche«. Erschienen in: *asphaltspalten, Gedichte* (Lyrikedition 2000: 2004).

Volker Strübing: »Das Mädchen mit dem Rohr im Ohr und der Junge mit dem Löffel im Hals«. Erschienen im gleichnamigen Erzählband (Voland & Quist: 2013).

Herausgeber und Verlag danken herzlich für die freundliche Bereitstellung von Texten und Audio-Files.

LESEBÜHNE & POETRY SLAM IM SATYR VERLAG

NEU IM HERBST 2014:

Lars Ruppel: *Holger, die Waldfee. 10 Gedichte über Redensarten.*

Micha-el Goehre: *Wenn das Leben kein Ponyhof ist, wieso liegt dann Stroh in der Ecke?* Geschichten.

BEREITS ERSCHIENEN (AUSWAHL):

Alex Burkhard: *... und was kann man damit später mal machen? 26 Geschichten von A bis Z für Geisteswissenschaftler und alle anderen, die auch nichts Anständiges gelernt haben.*

Björn Högsdal, Johanna Wack (Hrsg.): *Last Exit Baybklappe. Ein Lesespaß für die halbe Familie.* Anthologie.

Christian Bartel: *Grundkurs Weltherrschaft.* Geschichten.

Daniela Böhle, Paul Bokowski (Hrsg.): *Die letzten werden die Ärzte sein. 35 Geschichten, krank geschrieben.* Anthologie.

Marvin Ruppert: *Ich mag Regen. Traurige Liebesgeschichten aus meinem Leben.*

Micha Ebeling: *Lunge, komm bald wieder. Ein Lightfaden für Raucher, Ex-Raucher, Gelegenheitsraucher und notorische Rückfallkandidaten*

Micha-el Goehre: *Jungsmusik* und *Höllenglöcken.* Romane.

Sarah Bosetti: *Wenn ich eine Frau wäre.* Geschichten.

Volker Surmann: *Lieber Bauernsohn als Lehrerkind.* Geschichten.